# Crea y decora TU CASA

# Sumario

## 6 ELEMENTOS BÁSICOS DE LA DECORACIÓN



## 44 DECORAR LA CASA



## 114 PRINCIPALES REFORMAS



## 138 GLOSARIO

**CREA Y DECORA TU CASA**


REDACCIÓN Y ADMINISTRACIÓN
Diagonal 477 3ª planta - 08036 Barcelona

DISEÑO Y MAQUETACIÓN Susana Domínguez y Judit Marca
COORDINACIÓN Y REDACCIÓN Helena Matías
FOTOGRAFÍAS Archivo INTERIORES

FOTOMECÁNICA Pacmer (Barcelona)
IMPRESIÓN Rotocayfo-Quebecor.
Sta. Perpètua de Mogoda (Barcelona)

Depósito Legal: B-55342-2006

Printed in Spain ISBN: 84-935164-4-9

**Arte, técnica,** BUEN GUSTO, INSPIRACIÓN... SON TANTOS LOS FACTORES QUE INFLUYEN EN LA DECORACIÓN DE UNA CASA QUE, A OJOS INEXPERTOS, ÉSTA PUEDE LLEGAR A PARECER UN RETO IMPOSIBLE. NADA MÁS LEJOS DE LA REALIDAD. COMO CUALQUIER PROYECTO QUE IMPLICA VARIAS DISCIPLINAS, SE TRATA DE UNA CUESTIÓN DE PLANIFICACIÓN, ANÁLISIS Y, SOBRE TODO, ILUSIÓN.

Y ES QUE, SACARLE TODO EL PARTIDO A UN ESPACIO MEDIANTE UNA ACERTADA DISTRIBUCIÓN DEL EQUIPAMIENTO, CONFERIRLE AMPLITUD DE LA MANO DE LA LUZ Y EL COLOR, O GARANTIZAR EL MÁXIMO CONFORT CON EL USO DE LOS MATERIALES MÁS ADECUADOS RESULTA VITAL, AUNQUE NO SUFICIENTE. A ELLO HABRÁ QUE AÑADIR DOSIS DE ESTILO PERSONAL, VIVENCIAS Y RECUERDOS, LOS RECURSOS MÁS EFECTIVOS PARA CONVERTIR UNA VIVIENDA EN UN VERDADERO HOGAR.

A CONTINUACIÓN TE OFRECEMOS LAS CLAVES PRÁCTICAS QUE TE AYUDARÁN A INICIAR EL CAMINO, ASÍ COMO UNA SELECCIÓN DE PROPUESTAS QUE, AUNQUE NO PRETENDEN SERVIR DE EJEMPLO, SÍ ESPERAMOS QUE ESTIMULEN EL LADO MÁS CREATIVO DE TU IMAGINACIÓN.

# 1. Claves para decorar

LOGRAR QUE LA CASA DESPRENDA UNA ATMÓSFERA ÚNICA Y ACOGEDORA DEPENDE DE MUCHOS FACTORES SUTILES, QUE A MENUDO PASAN DESAPERCIBIDOS. ADEMÁS DE ELEGIR EL ESTILO QUE MEJOR NOS DEFINE, ES IMPORTANTE JUGAR CON ELEMENTOS COMO EL COLOR, LA LUZ O LAS TELAS Y DOMINAR LOS "TRUCOS" QUE AYUDAN A AMPLIAR VISUALMENTE EL ESPACIO.

◂ **EL ESTUDIO PREVIO** del espacio nos permitirá acertar en la distribución del mobiliario. Asimismo, es importante tener claro el estilo decorativo que vamos a recrear, para poder configurar un telón de fondo adecuado. Así, en el caso de un salón de aire clásico resultan apropiadas las molduras y las puertas en forma de arco. El inicio del proyecto es también un buen momento para decidir si deseamos crear galerías para ocultar las cortinas, o bien el acabado y el color más apropiados para los interruptores.

# Espacio

## Planificar la distribución

**LA DECORACIÓN DE TU CASA es una de las tareas más agradecidas que puedes emprender, pues se trata de mejorar tu espacio vital, hacerlo tuyo en función de los gustos personales y el estilo que te define. Empieza estudiando el espacio, la luz y las necesidades de almacenaje: éstas son las bases que sostienen un proyecto bien hecho.**

Una buena planificación es la clave del éxito en la decoración. Antes de lanzarnos a la compra de un mueble o unas cortinas que nos han enamorado a primera vista, hay que pensar en el espacio de que disponemos o en el resto de los coordinados. Contención es, pues, la palabra mágica.

### LA CLAVE DEL ORDEN

En primer lugar hay que decidir el uso que vamos a dar a cada estancia y las necesidades de almacenaje que tenemos en cada caso, para seleccionar el mobiliario más adecuado.

No obstante, es importante tener una visión global del conjunto que nos facilite las decisiones. Así, por ejemplo, si deseamos prescindir de

los módulos altos en la cocina, con la intención de aligerarla visualmente, deberemos disponer un aparador o una alacena en el comedor, para tener un lugar donde guardar el servicio de mesa y el menaje.

Además de considerar la opción del mobiliario exento, hay que tener en cuenta la posibilidad de crear armarios empotrados, altillos o vestidores, que nos permitan extraer el máximo rendimiento a los metros disponibles. De hecho, el principal problema de los pisos actuales, que suelen ser de dimensiones reducidas, es la falta de espacio de almacenaje, lo que implica una incómoda sensación de desorden. Así, una buena planificación es la clave para disfrutar de una casa diáfana y organizada.

## SOBRE PLANO: DECIDIR LA DISTRIBUCIÓN

En segundo lugar, conviene analizar la mejor distribución del mobiliario en función de la comodidad de uso. Con esta premisa, procuraremos situar el comedor lo más cerca posible de la cocina, para evitar tener que cruzar todo el salón con los platos; o bien, reservaremos un rincón próximo a una entrada de luz natural para disponer una mesa de trabajo.

Aunque la imaginación es una gran aliada, lo más adecuado es coger lápiz y papel. Una hoja cuadriculada nos permitirá reproducir un plano de la estancia a escala en el que aparezcan todos los elementos estructurales importantes (puertas, ventanas, enchufes, radiadores, columnas, entrantes en la pared, etc.). Por otra parte, recortaremos la figura de las distintas

## CUESTIÓN DE PREVISIÓN

**REVISAR LAS INSTALACIONES.** Antes de iniciar un proyecto, es fundamental revisar el estado de las instalaciones eléctricas, de gas y de agua. Así evitarás sufrir una fuga de agua en una cocina nueva, por un problema de tuberías en mal estado.

**ENCHUFES Y PUNTOS DE LUZ.** También es el momento de elegir el tipo de iluminación que vamos a utilizar, la ubicación de los puntos de luz de cada estancia y los enchufes que se van a necesitar, para evitar tener que hacer regatas con posterioridad.

**CLIMATIZACIÓN:** Es muy conveniente decidir sobre plano el mejor lugar para los radiadores o los *splits*. Algunos sistemas de climatización implican, además, obras importantes en la casa, como el sistema de aire acondicionado por conductos, que supone la creación de un falso techo, o la calefacción radiante, que obliga a levantar todo el suelo.

▾ **FORMA DE ARCO.** En ocasiones, resulta acertado eliminar un tabique para dar mayor profundidad visual a un espacio; en este caso, se dejó un vano en forma de arco, entre el salón y el comedor, una solución que ayuda a enmarcar los ambientes, sin separarlos visualmente.

piezas de mobiliario a escala (sofás, mesas auxiliares y de centro, en el caso del salón), para poder distribuirlas a nuestro antojo sobre el papel. De esta manera, se puede ver si todo el conjunto queda equilibrado o, por el contrario, resulta demasiado abarrotado. El objetivo es acertar con el tipo de mobiliario y las dimensiones del mismo a la primera, sin necesidad de arrastrar los muebles de un lugar a otro.

## REDISTRIBUCIÓN DEL ESPACIO

Las últimas tendencias en interiorismo apuestan por los ambientes amplios y diáfanos, frente a los pisos excesivamente compartimentados en pequeñas habitaciones. Eso está llevando a que cada vez sea más frecuente integrar en una misma estancia distintos ambientes, como pueden ser el salón, el comedor y la cocina, o bien el dormitorio y el baño. Sin llegar a ese grado, lo cierto es que en muchas ocasiones vale la pena analizar la viabilidad de una redistribución del espacio, eliminando uno o varios tabiques.

◀ **ANTES DE ELEGIR** el mobiliario, conviene tener en cuenta el tipo de piezas y sus medidas, para lograr un ambiente armónico y equilibrado.

▶ **CON CORREDERAS.** El inicio de la reforma es el mejor momento para valorar la posibilidad de sustituir las puertas tradicionales por las correderas. Éstas son una solución ideal por su versatilidad, pues permiten comunicar o delimitar los ambientes con un simple gesto.

Una pequeña habitación anexa al dormitorio principal, puede reconvertirse en un práctico vestidor, abierto o cerrado por unas funcionales puertas correderas. Asimismo, se puede transformar un cuarto trastero al que apenas se saca partido en una zona de estudio integrada en la habitación de los niños. No obstante, es fundamental que un aparejador o un arquitecto estudie el caso antes de pasar a la acción, para confirmar que no se trata de una pared maestra. La eliminación de paredes requiere, asimismo, la solicitud de un permiso de obras menores al ayuntamiento.

## UNA SOLUCIÓN PARA OPTIMIZAR LOS METROS

En ocasiones, basta con sustituir una puerta abatible por una corredera, para ganar un valioso espacio extra en la estancia.

Se estima que una puerta corredera empotrada (de los modelos que circulan por el interior de un doble tabique) permite ganar hasta un metro cuadrado, lo cual puede ser de interés en algunos casos. Un ejemplo: en una cocina de dimensiones reducidas, la sustitución de la puerta convencional por una corredera puede ser, en algunos casos, la única solución viable para instalar un rincón de *office* para cuatro personas. También es interesante contemplar esta posibilidad a la hora de integrar un armario empotrado en un recibidor amplio y poco aprovechado.

## Por ordenador

Una herramienta valiosa y fácil de utilizar son los nuevos programas informáticos domésticos que permiten visualizar la decoración de una estancia. Éste es el tipo de imagen que se logra con el sistema "Punch Home Design Architectural".

◀ **DOSIS ACERTADA.** Una buena solución para introducir el color en una estancia sin recargarla consiste en aplicarlo en una sola pared, como se hizo en este dormitorio. Un tono cálido, como el naranja o el amarillo, da un aire alegre y vitalista a la estancia.

▶ **LA RUEDA DEL COLOR.** Si no tenemos muy clara la gama de colores que vamos a utilizar, lo mejor es hacerse con un círculo cromático. Se trata de una rueda inspirada en los colores del arcoiris que ayuda a visualizar cómo combinan las tonalidades; las que se hallan más próximas, recrean ambientes armónicos, mientras que las opuestas permiten configurar ambientes más dinámicos y vivos, basados en el contraste.

# Color

## Para dar vida a tu casa

**EL COLOR ES UNA HERRAMIENTA útil y efectista a la hora de decorar la casa, pues además de transmitir sensaciones, como calidez, vitalidad, armonía o relajación, es capaz de crear efectos ópticos que nos ayudan a potenciar la luminosidad natural de una estancia, ganar profundidad espacial o disimular la altura de un techo muy alto.**

Una vez analizado el espacio disponible y planificada la distribución del mobiliario, conviene decidir la gama de color que vamos a utilizar, en función de nuestros gustos personales y de las sensaciones que queramos transmitir. Aunque muchas veces, como la decoración no es una ciencia exacta, el orden se ve alterado por distintas circunstancias. En realidad, es frecuente no partir de cero: una butaca heredada o el flechazo por un sofá que vimos en una revista, puede desbaratar todos los planes y obligarnos a estudiar toda la gama de colores y coordinados a partir de esa pieza inicial. Sea cual sea el caso, hay que tener claro que es importante coordinar las tonalidades del mobiliario con el color de los revestimientos y las tapicerías.

Vinci

◂ **CÁLIDOS TIERRA.** Los tonos tejas y los ocres son ideales para recrear atmósferas de estilo colonial. Resultan muy cálidos y alegres al mismo tiempo.

▸ **SUAVE CONTRASTE.** Entre los esquemas de color, uno de los más efectistas es, sin duda, el juego de contraste con el blanco y el negro. En este caso, se optó por suavizarlo utilizando los blancos rotos.

## CÓMO ELEGIR LA GAMA

Los expertos en decoración recomiendan no usar más de dos o tres colores base en una estancia, para conseguir ambientes agradables y relajantes. La elección del color es una decisión muy personal, pues no todos reaccionamos de igual manera ante un mismo tono: el amarillo o el rojo, que para muchos puede ser un color estimulante y alegre, resulta demasiado agresivo para otros. Así que el único consejo posible es escoger una gama con la que realmente nos sintamos cómodos. Si no estamos muy seguros de la elección de la paleta de color, una buena idea consiste en recortar fotografías de varias revistas de decoración en las que aparezcan ambientes que nos resulten agradables. Al final de la selección, tendremos una idea aproximada de las gamas que más nos gustan para cada estancia.

## TRES ESQUEMAS A TENER EN CUENTA

En función de los tonos elegidos se puede hablar de tres esquemas de color. El "esquema tonal" es un patrón que consiste en seleccionar dos o tres tonos de un mismo color (blanco, blanco roto y blanco almendra, por ejemplo). Esta opción es acertada para los que quieren lograr ambientes serenos, pero su aparente sencillez es engañosa. En realidad, no resulta fácil crear un esquema tonal que se muestre dinámico e interesante. Otra posibilidad es combinar tonalidades que están próximas en el círculo cromático, como los marrones con los tejas o los naranjas, o los azules con los malvas. Esta coordinación produce un "esquema armónico" y, como el anterior, resulta acertado para conseguir atmósferas integradas y relajantes. Y, por último, podemos decantarnos por crear un "esquema de contraste", basado en colores opuestos, como el naranja con el azul, o el rojo con el verde; sin duda, ésta es la opción más arriesgada, pero también la que permite recrear unos ambientes más dinámicos y estimulantes.

## GAMAS CÁLIDAS Y FRÍAS

Por las sensaciones que transmiten, los colores se agrupan en dos grandes grupos, los cálidos y los fríos. Entre los cálidos, se encuentran los anaranjados, los amarillos y los tierra; mientras que los azules, verdes o grises se consideran tonalidades frías.

Para garantizar un resultado armónico, lo ideal es combinar los colores fríos con fríos (es el caso del gris perla con el malva) y los cálidos con otros cálidos (beige con naranja o marrón, por señalar algunas posibilidades), aunque en un "esquema de contraste" se combinan sin problema tonos de distintos grupos, precisamente para realzar o destacar algún elemento arquitectónico, como pueden ser muretes, pilares o hasta una chimenea.

▾ **ARMONIZAR LOS ESTAMPADOS.** En una estancia pequeña, lo ideal es elegir telas lisas y de tonalidades claras para lograr una mayor amplitud visual; no obstante, una buena idea consiste en poner una nota de color intensa o un estampado vistoso en las piezas de mobiliario pequeñas: butacas, pufs o banquetas.

## JUGAR CON LAS SENSACIONES

**AMARILLO:** Es una gama cálida, alegre y muy luminosa, por lo que resulta ideal en estancias con poca entrada de luz natural.

**AZUL:** El color del mar y del cielo se halla dentro de la paleta fría. Es perfecto para crear ambientes frescos y ligeros. Además está especialmente indicado para los dormitorios, pues resulta relajante.

**VERDE:** Es el tono más tranquilo de toda la paleta. Compuesto por el amarillo y el azul, cambia mucho en función del color predominante. Así, los verdes que tienden a amarillo resultan más vitales y alegres, mientras que los verdes azulados resultan más sobrios y sofisticados. Se considera el color más descansado para el ojo humano, por lo que resulta muy apropiado en zonas de trabajo.

## DECORAR CON BLANCOS

El esquema "blanco sobre blanco" se ha impuesto en los últimos tiempos en las decoraciones minimalistas. Es un color muy luminoso, por lo que resulta adecuado en estancias con poca entrada de luz natural. Al reflejar la luz, logra ampliar ópticamente las estancias.

Aunque pueda parecer que blanco hay sólo uno, lo cierto es que se distinguen una gran cantidad de tonalidades de este color, genéricamente denominados "blancos rotos", pero que pueden variar mucho en función del color al que tiendan (desde el amarillo, al marrón, el gris o el azul).

## EFECTOS VISUALES

Conviene aprovechar los efectos ópticos que se pueden crear con el color. De esta forma, una tapicería oscura (en gris marengo, marrón chocolate o rojo burdeos) ayuda a reducir el peso óptico de un sofá de formas voluminosas, mientras que si se viste con una tela de color claro se verá más grande.

Por otra parte, hay que tener en cuenta que los colores cálidos "acercan" visualmente la pared, por lo que llegan a empequeñecer el espacio, mientras que los fríos la "alejan", con lo cual dan una sensación de mayor profundidad visual.

◀ **EL ESTILO** de la casa debe estar acorde con los gustos y los hábitos de quienes viven en ellas; es importante que refleje autenticidad, por lo que conviene no dejarse guiar únicamente por las modas pasajeras.

# Estilos

## La firma más personal

**DECORAR ES, simplemente, una forma de expresar tus gustos, tus vivencias, tu estilo... Lo más importante es conseguir un espacio en el que de verdad te sientas a gusto y te resulte práctico, aunque para conseguir un ambiente armónico y equilibrado también conviene analizar el entorno y el estilo arquitectónico de la casa.**

El entorno de la casa, ya se trate de una gran ciudad, un pueblo costero o un valle aislado en el campo, suele determinar en buena medida el estilo decorativo de la vivienda, porque es la mejor forma de integrarla en el entorno y de conseguir un resultado armónico. Así, una casa en la playa nos inspira colores frescos, como el blanco en combinación con el azul; tejidos livianos para las cortinas, con el fin de que dejen pasar la luz, y lonetas resistentes para los sofás; auxiliares de fibras naturales,

◂ **AMBIENTE ACTUAL.** Los sofás y las butacas de líneas rectas y con estructuras metálicas ayudan a definir el estilo contemporáneo de este salón. Este efecto se acentúa con la lámpara Arco, un diseño ya "clásico" del italiano Achille Castiglione.

▾ **RÚSTICO.** Respetar las estructuras de la casa, como vigas, suelos de barro o bóvedas, es la mejor forma de recuperar su verdadera esencia.

como el bambú o el sisal; muebles lacados o decapados en blanco y complementos inspirados en el mar, como faros, redes o conchas. Lo mismo ocurre con una casa en el campo. Rápidamente nos acude a la mente un suelo de barro cocido o una tarima de madera de pino, techos con vigas vistas, muebles antiguos o piezas de oficio, de almoneda, recuperadas artesanalmente, así como tejidos cálidos, como el *chintz*, el *jacquard*, la chenilla o el tradicional tartán a cuadros. No es cuestión de caer en tópicos y convencionalismos, pero lo cierto es que volver a las raíces, mirar el entorno de la vivienda y recuperar los materiales autóctonos es siempre una oportuna fuente de inspiración.

## CUANDO LA ARQUITECTURA DEFINE EL ESTILO

El estilo arquitectónico de la casa tiene también un peso específico en la decoración. De este modo, una edificación modernista de principios del siglo XX suele presentar techos altos, paredes con molduras o

## ANTIGUO Y NUEVO

**EL MESTIZAJE** está de moda. Y de entre todas las posibles mezclas decorativas, una de las más vigentes hoy día es la que integra lo antiguo con lo actual. Conservar una chimenea victoriana o las bellas molduras de una casa regia, permite mantener sus señas de identidad y recuperar sus orígenes, aunque se apueste por una decoración actual. También resulta acertado introducir en ambientes de estilo clásico, piezas "iconos" de principios del siglo XX, como las butacas modelo Barcelona de Mies van der Rohe o las sillas Ant, diseño de Arne Jacobsen.

zócalos, chimeneas de mármol y suelos de azulejos hidráulicos o tarima de madera, que probablemente valdrá la pena restaurar y recuperar. Y eso, resulta obvio, condicionará la tendencia decorativa, que deberá estar acorde con su pasado noble.

El clasicismo se identifica con los sofás tipo chéster y los modelos de respaldos cortos y brazos curvos, así como con los tapizados capitoné; también son infalibles las piezas de mobiliario de anticuario, en cualquiera de los estilos y épocas, y los tejidos más ricos y suntuosos, como el terciopelo, la seda, los brocados y los damascos.

En cambio, una casa de arquitectura actual, de espacios amplios, sin apenas compartimentaciones entre las estancias, con estructuras metálicas y grandes paredes de cristal, nos inspirará un interiorismo basado en piezas de diseño contemporáneo, tapicerías lisas en colores neutros, paredes blancas que creen un telón de fondo impoluto y muebles de líneas muy rectas y depuradas, sin apenas ornamentaciones. Este estilo impone, asimismo, la preeminencia de materiales fríos como el acero inoxidable, el cristal o los lacados (en acabado brillo o mate), así como las maderas teñidas en colores oscuros y algunas variedades exóticas como el wengué, el zebrano, la teca o el iroco.

◀ **MUY PERSONAL.** Una buena muestra de cómo personalizar y ganar matices en un dormitorio de estilo actual. Su imagen se vio absolutamente renovada con la simple incorporación de los dos cuadros, inspirados en las celosías árabes, y el arcón clásico de madera tallada.

▶ **LAS BUTACAS** de cuero negro contrastan con el sofá de ratán y la alfombra de sisal de aire típicamente colonial.

**ESTILO ECLÉCTICO, LA APUESTA MÁS ACTUAL**

En un mundo tan global e intercomunicado como el nuestro, en el que nos llegan referencias e influencias muy diversas, es lógico que los estilos "puros" estén perdiendo vigencia, en favor de lo que se ha dado en llamar "eclecticismo decorativo". Esta tendencia apuesta sin ambages por la mezcla de piezas de distintos estilos, épocas y procedencias, en un intento de crear ambientes únicos y personales.

Poner un toque étnico en las ambientaciones actuales, gracias a los toques de color (en ocres, tejas, rojizos...) o a la inclusión de alguna pieza realizada en maderas tropicales, como la teca o el wengué, es una apuesta habitual. También está a la última actualizar una decoración rústica con un mobiliario de estilo provenzal, con alacenas blancas o azules decapadas y textiles ligeros en colores frescos. O, por qué no, decantarse por dar un aire rústico a un piso urbano, utilizando piezas y textiles de materias naturales.

La mezcla de muebles de estilos o épocas diversas es una opción algo arriesgada y requiere una cierta sensibilidad y un gusto educado, pero la recompensa es grande: permite ampliar la gama de matices y enriquecer una estancia, además de hacerla más propia y vivida.

◂ CÁLIDO Y ALEGRE. Las telas son capaces de transmitir muchas sensaciones, según sea la textura, el estampado o las tonalidades. En este rincón de lectura, se logró recrear una atmósfera muy agradable gracias a la calidez del tejido, con aplicaciones de terciopelo, y el alegre estampado floral. En general, se aconseja reservar los grandes estampados para piezas extensas como las cortinas o los sofás, que permiten apreciarlos en toda su dimensión, mientras que en muebles pequeños, como butacas o chaise-longues, están más indicados los motivos pequeños.

# Telas

## Ideas para vestir la casa

**EL COLOR, LA TEXTURA Y EL ESTAMPADO de los tejidos son los que acaban de definir el estilo de un ambiente. Pero además de darle el carácter rústico, actual o clásico, también permiten crear atmósferas distintas: el algodón, el lino o la seda son ideales para dar un aire fresco al ambiente, mientras que con las chenillas y los terciopelos se generan espacios cálidos y arropados.**

Una vez elegida la gama de color, la gran pregunta es: ¿por dónde empezar? Aunque existen varias teorías, se aconseja comenzar por la pieza tapizada más voluminosa de cada estancia: el sofá, en el caso del salón; el cabecero, en el dormitorio; o las cortinas, en el comedor. Si partimos de ese tejido que ocupará un espacio preeminente, resultará más fácil seleccionar el resto de los coordinados.

Para lograr la necesaria continuidad decorativa y evitar que se produzcan saltos bruscos de una estancia a otra es importante, asimismo, tener una visión global del conjunto. Un consejo consiste en establecer un hilo conductor en las telas de toda la casa: puedes escoger las mismas cortinas para vestir la totalidad de

# Los tejidos de algodón

Entre las fibras naturales, de origen vegetal, destaca el algodón, con el cual se hacen la mayor parte de los tejidos utilizados en el hogar (a menudo mezclado con otras fibras sintéticas): desde los más finos y ligeros, como la muselina, el organdí o la batista; hasta los más cálidos, como la chenilla, el terciopelo o el *jacquard*.

**CRETONA:** El clásico estampado de flores grandes, en gamas rojas o verdes sobre fondo claro, al más puro estilo inglés, es la señal de identidad de este tejido grueso, resistente y de fácil mantenimiento, que da un toque campestre a la estancia. Se emplea para tapizar butacas o confeccionar cortinas.

**CHENILLA:** Se trata de uno de los tejidos más usados en las tapicerías por la suavidad y su agradable tacto de pelillo, además de por su gran resistencia. Puede ser de algodón, lana o lino, pero suele incorporar un porcentaje de sintéticos. Se debe limpiar en seco y resulta ideal para las tapicerías y los *plaids*.

**JACQUARD:** Lleva el nombre del telar utilizado para su confección, inventado por el francés Joseph M. Jacquard (1752). La particularidad es que, por un mecanismo de cruzamiento de hilos, el dibujo se hace durante el mismo proceso de tejido, de forma que el estampado se halla en las dos caras. Son telas resistentes.

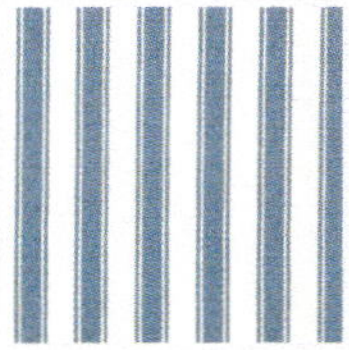

**LONETA:** Es un tipo de lona tejida con hilos de algodón, con una mayor proporción de urdimbre que de trama, por lo que esta última queda totalmente oculta y el tejido aparece liso. Es un tejido fuerte, ideal para el tapizado de piezas actuales y de mucho uso. Ofrece una buena relación calidad-precio.

**ORGANDÍ:** Tejido de algodón de hilado fino, muy utilizado para la confección de visillos ligeros. Recibe un tratamiento químico que le otorga su característica rigidez y transparencia. Con frecuencia se presenta con delicados bordados. Además de visillos se confeccionan mantelerías y cojines.

**TERCIOPELO:** Esta tela, inconfundible por su suave tacto y elegante caída, está constituida por dos urdimbres y una trama de hilo grueso, suave y largo, que produce, por una de las caras, una superficie velluda. Aunque antiguamente el tercipelo estaba tejido en seda, en la actualidad es más habitual encontrarlo de algodón o acrílico.

MUESTRAS: LIENZO DE LOS GAZULES

▶ **RENOVACIÓN TOTAL.** Los complementos textiles permiten dar un vuelco a la decoración con poco presupuesto. En invierno, un *plaid* de mohair en tonalidades tierra o unos cojines de tejidos cálidos, como el terciopelo o el ante, en tonos beiges y tostados, son perfectos para dar calidez al dormitorio. Y en verano, bastará con sustituirlos por textiles de seda, algodón o hilo en tonos vivos y alegres para lograr un ambiente más refrescante.

## Abrazaderas

Los pequeños detalles son los que a menudo marcan la diferencia: elige abrazaderas elegantes como éstas para imprimir un toque de estilo.

las ventanas, o utilizar un mismo tipo de motivo en los estampados. Por otra parte, hay que tener en cuenta que las telas son una gran ayuda a la hora de sacar el máximo partido a las virtudes, o bien disimular los defectos de una estancia. De ahí que antes de decidirse por un modelo resulte conveniente estudiar las características del espacio: desde sus dimensiones, a la orientación, el tamaño y la forma de los ventanales o la altura de los techos, entre otras particularidades. Un espacio muy amplio y diáfano se verá más cálido y confortable si se arropan las cristaleras con una doble caída, de visillos y cortinas. En cambio, en habitaciones de dimensiones reducidas, serán más convenientes las cortinas de tejidos livianos, como la seda, la organza o el hilo.

### HACER UN MUESTRARIO

La mejor solución a la hora de decidirse por las tapicerías de una estancia es seguir el ejemplo de los profesionales de la decoración: crear un muestrario. La idea es reunir las muestras de todas las telas que van a formar parte de una estancia (desde los sofás, las cortinas o las butacas, hasta la alfombra o las pantallas de las lámparas), con la intención de tener una visión global del conjunto y ver cómo reaccionan entre ellas. Para realizarlo sólo se necesita una lámina grande de cartulina gruesa, sobre la que se van colocando las diferentes muestras con sus respectivas referencias. Primero, conviene engancharlas con un alfiler, para ir descartando las que menos nos gusten, y cuando ya sean definitivas, sujetarlas con grapas. Una vez elegidas las telas, el muestrario permite comprobar el comportamiento de los tejidos y las tonalidades con luz de día y luz artificial. Y, por último, es una inestimable ayuda a la hora de ir a comprar los muebles, para ver cómo combinan con los acabados.

**DECANTARSE POR LOS LISOS O LOS ESTAMPADOS**

La elección de un tejido liso o uno estampado es una simple cuestión de gusto personal, aunque hay algunos aspectos que es necesario tener en cuenta. Los estampados vistosos tienen un gran peso visual, por lo que sólo están recomendados en habitaciones holgadas; en estancias pequeñas, son más aconsejables los tejidos lisos, sin estampado y de colores suaves, para que no se vean excesivamente abarrotadas.

Asimismo, conviene reservar los motivos grandes para piezas voluminosas que permitan apreciar todo el dibujo, como los sofás o las cortinas; en el caso de querer tapizar una silla o una butaca, son preferibles los motivos de tamaño más pequeño o las clásicas rayas. No hay que temer que un coordinado de tejidos lisos resulte monótono o anodino. En estas ocasiones, se aconseja apostar por las texturas, que son las que van a aportar los matices, combinando tejidos diversos, como el terciopelo, el hilo, la

## Los tejidos de lana

**FRANELA:** Es un tejido fabricado con hilos de lana –aunque también se teje en algodón–; su textura es suave y cálida, pues está ligeramente cardado por una de las caras, lo que le da un acabado de pelillo. Encoge al lavado y tiene un grado de resistencia media, así que se recomienda en las tapicerías de uso medio.

**TARTÁN.** Actualmente, se da el nombre de tartán a un tejido de lana de tinte en madeja cuyos hilos en distintos tonos forman unos cuadros similares a los de las faldas escocesas.

**TWEED.** Cálido y resistente, recibe la denominación inglesa de un tejido con ligamento sarga. Confeccionado con hilos de lana cheviot crea unos efectos de color que forman pequeños dibujos. Se emplea para tapicerías fijas y requiere limpieza en seco, aunque también se encuentra con mezcla de viscosa.

MUESTRAS: GASTÓN Y DANIELA

▸ **EN EL COMEDOR.** Una buena idea para dar dinamismo al comedor consiste en tapizar la mitad de las sillas con un tejido liso y el resto con una tela estampada, a juego con la gama de color elegida. A la hora de disponerlas en torno a la mesa, se pueden ir alternando, creando una secuencia ordenada.

seda, la piel, o cualquier tela con relieves marcados (listados, espigas, tramas vistas, etc.). Aunque no conviene abusar de ellos, sí es importante saber jugar con los estampados para ofrecer dinamismo al ambiente. Si no se desea arriesgar, la mayoría de los fabricantes textiles presentan líneas de coordinados, con cuatro o cinco tejidos de distintos estampados (rayas anchas, rayas finas, flores, motivos naturales, etc.), que combinan entre ellos al mantener una unidad de color.

## LA MEJOR TELA PARA CADA USO

Además de ser bellas, las telas deben ser funcionales y adaptarse al uso que se les va a dar. No todos los tejidos son apropiados para tapizar, sin embargo también es obvio que no se necesita el mismo tipo de tejido para tapizar el sofá de una casa con niños, que una butaca decorativa situada en el dormitorio. Así que es cuestión de valorar y, sobre todo, mirar la etiqueta de los modelos, donde se explica la composición y se detallan las condiciones de lavado y mantenimiento, para acertar en la elección. En general, las telas empleadas como tapicerías suelen llevar

◂ **BIEN ARROPADO.** El cabecero tapizado es un recurso ideal para vestir el dormitorio y arroparlo. Dependiendo de la tela elegida le daremos un estilo u otro. En espacios clásicos son ideales los tejidos adamascados, las sedas o los *jacquards*. En cambio, para enfatizar una decoración actual podemos recurrir a las cálidas chenillas, el ante, la piel o la alcántara.

mezclas en su composición. Es decir, que a la fibra natural se suma un porcentaje más o menos grande de fibras sintéticas o artificiales; con ello se consiguen telas más resistentes al roce y a las manchas, y se evita que encojan.

También es importante saber distinguir entre el tejido (la forma de hilar) y la fibra con la cual está hecha una tela. Hoy día se encuentran en el mercado terciopelos realizados en algodón, seda o sintéticos, al igual que hay gasas a base de seda o algodón.

## FIBRAS NATURALES

Las fibras naturales son muy agradables y ofrecen una gran durabilidad. Entre las más utilizadas en el hogar se halla el algodón, que tiene como virtudes esenciales la resistencia y el tacto agradable y fresco, además de un buen poder de absorción.

Si la frescura es la cualidad intrínseca del algodón, la calidez es propiedad de la lana, una fibra natural que se extrae del vellón de las ovejas. Es una materia resistente, elástica y flexible que, además, se arruga poco.

Otra fibra natural muy apreciada es la que se obtiene del tallo de la planta del lino, que da lugar a tejidos frescos y agradables al tacto, que no acumulan electricidad estática. Se emplea mucho en la confección de cortinas, aunque su principal problema es que se arruga con facilidad.

La seda es un hilo fino y brillante que se extrae del capullo del gusano de seda. Resistente y elástico al mismo tiempo, el tejido de seda es también muy sensible a la luz, que provoca su envejecimiento.

También se utilizan, aunque en menor medida, fibras naturales como el mohair, el pelo de la cabra de Angora o el cachemir (el pelo de la cabra de Cachemira que habita en el valle del mismo nombre en el Himalaya).

## Los tejidos de seda

La seda se ha utilizado desde antiguo para imprimir un toque de elegancia y sofisticación a un ambiente. Es un tejido de acabado brillante que ayuda a enriquecer cualquier decoración, incluso usado en pequeñas dosis, como en cojines o cortinas. Se encuentra una gran variedad de tejidos de seda, con diferentes características.

**BROCADO.** Es un tejido rico y suntuoso, cuyo fondo (las grandes zonas) presenta efectos de trama de metal, oro, plata, etc., produciendo así un realce del dibujo. Va tejido en múltiples colores, por lo que sus motivos, en relieve, adquieren una gran definición. Es ideal para las cortinas y tapicerías de estilo clásico.

**DAMASCO.** Este bello tejido de seda se identifica fácilmente por sus estampados clásicos, generalmente inspirados en la naturaleza, y su sutil juego de mates y brillos, que cobran relieve al incidir la luz en ellos. El damasco es apropiado tanto para las tapicerías de uso medio como para las cortinas.

**LAMPAZO o LAMPÁS.** Del latín *lampare*, brillar. Tejido que se utiliza en tapicería y se parece al damasco. Es una sedería con fondo raso sobre el que se destaca el dibujo producido por el juego de tramas de distintos colores. Es una tela que se conoce desde muy antiguo y se cree es de procedencia oriental.

**MOARÉ.** Tipo de tela de seda, lana o algodón (en ocasiones mezclados con fibras sintéticas) que hace "aguas" o reflejos, que van variando según la luz. Este efecto se obtiene sometiendo el tejido a presión por medio de cilindros grabados con el dibujo a obtener. Es un tejido que presenta una resistencia media.

**OTOMÁN.** Tejido de seda muy resistente, que forma cordoncillos en sentido horizontal. Puede tejerse también en algodón o lana, y a menudo se encuentra mezclado con fibras sintéticas, para darle una mayor resistencia y elasticidad. Se presenta en colores sólidos y lisos, y se emplea para tapicerías de aire clásico.

**SATÉN:** Este tejido, también conocido como raso, se exportaba desde China ya en la Edad Media. Tiene una textura densa, pero su principal rasgo es la suavidad de su tacto y la belleza de su característico brillo, debido a la reflexión de la luz. Se utiliza básicamente en cojines, *plaids* y ropa de cama.

MUESTRAS: GASTÓN Y DANIELA

▸ **FLORES Y RAYAS.** Los salones de dimensiones generosas permiten jugar con las telas estampadas, como se hizo en este ambiente, donde conviven sin estridencias flores, rayas anchas y finas. Las tonalidades rosáceas que comparten todas las telas son la clave que equilibra el conjunto.

**FIBRAS ARTIFICIALES Y SINTÉTICAS**

Las mayores prestaciones en cuanto a resistencia al roce, las manchas y las arrugas que proporcionan la fibras sintéticas hacen que en la actualidad la mayoría de los tejidos las incorporen. Entre las más utilizadas hay que hablar de las poliamidas, derivadas del petróleo, que tienen la característica de que no encogen y no se arrugan. En su contra se puede decir que no transpiran, crean electricidad estática y son propensas a crear bolitas. Las poliamidas más conocidas son el Nurel, Perlón, Nylon 6, Grilón, Tactel o el Nylon 66. Otro derivado del petróleo es el poliéster, muy utilizado en el hogar en la mezcla "50% poliéster y 50% algodón", que otorga a la fibra unos atributos similares a las del algodón; lo desarrollan marcas como Terlenka, Terylene, Trevira, Tergal o Dacrón. También es muy utilizado el acrílico, una fibra sintética que se hila sola o bien mezclada con lana o algodón. Es ligera, excelente aislante térmico y estable, pero es menos resistente que las anteriores y tiende a generar electricidad estática. Las firmas comerciales son Leacril, Courtelle, Orlón y Dralon.

◀ **VENTANAS.** Dado que el objetivo es que la luz llegue hasta el último rincón de la sala, lo ideal es vestir las ventanas con unos visillos livianos, que apenas tamicen los rayos del sol. En este sentido, son perfectos los tejidos de lino, seda, organza o muselina. Para ambientes actuales son idóneas las cortinas o los estores de *screen*, un tejido de fibra de vidrio que permite pasar la totalidad de la luz, salvando el interior de miradas indiscretas.

▶ **BLANCO INFALIBLE.** Una apuesta segura para potenciar la claridad de un ambiente es vestirlo de blanco y poner los toques de color intenso en los complementos.

# La luz

## Claves para ganar claridad

**AUNQUE HUBO ÉPOCAS EN QUE LAS CASAS se protegían del sol con tupidos cortinajes y las estancias se mantenían casi en penumbra para proteger los muebles, hoy día a todos nos gusta disfrutar de una vivienda con grandes ventanales abiertos al exterior y que los rayos entren hasta el último rincón. La luz solar transmite energía y, además, crea la sensación de mayor amplitud espacial.**

Si bien lo ideal es contar con una casa bien orientada y con grandes aperturas, la realidad es que muchas veces la entrada de luz es menor de lo que se desearía. Sin embargo, hay muchos recursos decorativos que pueden ayudarnos a potenciar la claridad de una estancia. El primero es el color. El blanco refleja toda la luz, por lo cual es el tono idóneo para ganar luminosidad en un ambiente. Además, transmite una sensación de gran limpieza visual. No obstante, en una sala con poca entrada de luz, el blanco puro en la pared puede provocar un efecto excesivamente frío. En estos casos, es preferible elegir un color

como el amarillo, el arena o el beige, en un tono claro, que además de potenciar la claridad, aportará calidez a la estancia.

Si el problema es que la luz no llega al interior, hay que considerar la opción de eliminar algún tabique. En caso de que el salón comunique con la cocina es posible crear un pasaplatos para comunicar los dos ambientes visualmente. En otros casos, se puede hacer llegar la luz del salón a una estancia interior, sustituyendo el tabique por un panel de cristal o, si se prefiere dar una mayor intimidad, de bloques de pavés.

En última instancia, la mejor manera de aprovechar la luz solar consiste en buscar la mejor orientación para cada estancia, reservando las más soleadas para las zonas de día y las que menos, para los dormitorios.

◀ **PAVIMENTO.**
El material del suelo es una de las claves que permite ganar luz. Son perfectos los parqués de maderas claras, como el haya, el arce, el abedul o el pino. También logran potenciar la claridad los suelos de mármol, en especial las variedades más claras, como el travertino, y en acabado pulido, que les confiere una superficie brillante.

## RECURSOS VISUALES

**MATERIALES:** Esta mesa de diseño contemporáneo transmite una imagen de absoluta ligereza gracias a sus formas rectas y depuradas, y al empleo de materiales que reflejan la luz, como la laca y el acero. El efecto se potencia con las sillas, con una estructura que hace que parezcan suspendidas en el aire.

**RECURSOS:** Un espejo es una excelente forma de multiplicar el efecto de la luz natural; además logra un interesante efecto de amplitud visual a través de falsas perspectivas. Un truco es colocar el espejo frente a una ventana.

**PIEZAS BAJAS:** Para no obstaculizar la entrada de luz natural procedente de los grandes ventanales conviene decantarse por sofás de respaldo bajo. Una buena idea es cerrar el salón con dos pufs, que apenas interfieren la comunicación visual con otros ambientes.

BONALDO

◄ **EN EL COMEDOR.** Resulta ideal disponer una lámpara de techo, que proporcione una luz cálida y acogedora. Lo más importante es acertar con la altura, pues si queda muy alta, deslumbrará a los comensales; y, si por el contrario, queda baja, resultará molesta. En general, se aconseja situarla a unos 80 cm respecto a la mesa. La lámpara cumple su cometido si la mesa queda bien iluminada en su totalidad, sin crear zonas de sombra. Por ello, si la mesa es muy alargada, en lugar de disponer un solo punto de luz central, conviene instalar dos o más focos de menores dimensiones.

# El arte
## de la iluminación

**SI LA LUZ DEL SOL aporta vitalidad y sensación de amplitud a un espacio, los puntos de iluminación artificial son fundamentales a la hora de crear atmósferas y definir los ambientes de una estancia. Aunque a priori parezca un tema secundario, lo cierto es que la iluminación es la asignatura pendiente en la mayoría de las casas.**

Una buena iluminación es aquella que se adapta a los diferentes escenarios que se plantean en una estancia en la que se realizan actividades distintas, como en el caso del salón comedor. Es obvio, que no se necesita el mismo tipo de luz cuando se cena, que cuando se está de tertulia con los amigos o se ve la televisión. Cada ambiente requiere unas condiciones de luz diferentes, por lo que el principal objetivo debe ser evitar una iluminación uniforme y plana, que no tenga en cuenta estos condicionantes. De ahí se deriva una de las reglas de oro de la iluminación: conviene huir de los puntos de luz "únicos" para toda la habitación, como el clásico plafón en el dormitorio o la lámpara de techo en el salón. Por el contrario, se recomienda disponer diversos tipos de luz por el espacio. De ese modo, también se evita otro de los grandes errores: un exceso de claridad concentrada. Al diversificar los puntos, se puede recurrir a modelos de menos potencia, que proyecten una luz más agradable.

**◄ EN EL SALÓN** conviene contar con una rica luz general que envuelva la estancia. Se puede recurrir a una iluminación cenital, mediante focos, linestras o rieles, o bien a una serie de focos dirigidos hacia las paredes y el techo. Por otro lado, conviene disponer puntos de luz ambiental, en distintas zonas, como son las lámparas de sobremesa a cada lado del sofá.

THE MUMBAI COMPANY

## PROGRAMAR LA LUZ

**CON EL MANDO.** En la actualidad, son muchas las firmas de iluminación que ofrecen la posibilidad de controlar la luz desde un mando a distancia. Basta con programar diversos escenarios (con el tipo de luz que creemos óptima para la tarde, durante una tertulia o para ver la televisión) y memorizarlos. Basta con utilizar el mando para cambiar las opciones sin necesidad de ir regulando cada punto de luz.

Los modelos con regulador de intensidad resultan perfectos, ya que permiten ajustar la luz a las necesidades de cada momento.

Además de la luz general y la ambiental, es importante recurrir a la iluminación "de realce", que es la que se emplea para dar protagonismo a un elemento. Se pueden emplear focos para realzar un cuadro, o bien unos apliques para potenciar la librería. Al aplicar la luz de forma lateral se logra un bello efecto, pues se aprecia con todo detalle la textura, la forma y el color de la pieza.

En definitiva, hay que aprender a jugar con las sensaciones que produce la luz artificial. Apuesta por la combinación de la luz cálida de las bombillas de tungsteno con la más blanca de los halógenos; utiliza puntos de luz indirectos, que bañen el techo desde abajo, o atrévete incluso con la "retroiluminación". El objetivo es que sean decorativas no sólo las lámparas en sí mismas, sino también el efecto que crean.

# 2. Dar vida a cada espacio

DICEN QUE NUNCA SE ACABA DE DECORAR UNA CASA. SIEMPRE HAY ALGUNA PIEZA QUE CAMBIAR, UNA TAPICERÍA QUE RENOVAR O UNA PARED QUE PINTAR... ES LO QUE HACE QUE LOS AMBIENTES ESTÉN VIVOS Y SE ENRIQUEZCAN CON LOS AÑOS. TE DAMOS LAS CLAVES PARA ACERTAR CON LA DECORACIÓN DE CADA ESTANCIA Y LOGRAR QUE TODOS LOS ESPACIOS REZUMEN ELEGANCIA.

◀ **EN "L".** Si la falta de espacio obliga a colocar los sofás frente a la ventana, conviene elegir un modelo de respaldo bajo, que no supere los 70-80 cm para no obstaculizar la entrada de luz natural.

▶ **EN FORMA DE "U".** Este tipo de distribución, reservada a los espacios amplios y de planta cuadrada, es ideal en los salones presididos por una chimenea, o que integran una librería en la pared principal.

# Salón

## El espacio polivalente

**LA SALA DE ESTAR** es la estancia de la casa en la que pasamos más horas, por lo que debemos volcarnos en hacer de ella un refugio cómodo y acogedor. Y para lograrlo es importante tener en cuenta muchos factores: desde la gama de color o el estilo decorativo que más nos identifica, hasta el tipo de mobiliario que mejor se adapta a nuestra forma de vida o la iluminación más adecuada al espacio.

# Crear una zona de reunión

Aunque *a priori* puede parecer que la elección del mobiliario para el salón está limitada a los sofás o las butacas, lo cierto es que hoy día hay muchas opciones para personalizar y dar carácter a este espacio. Si las dimensiones lo permiten, lo ideal es configurar un salón lo más "cerrado" posible, pues ello permite la creación de una zona de reunión cómoda. En este sentido, la distribución en "U" es la que mejor favorece la tertulia. En cuanto al equipamiento, a los tradicionales sofás compactos, de una sola pieza, se suman los modernos modulares, que se adaptan al espacio tanto en medidas como en formas (pues permiten combinar piezas como rinconeras, pufs o chaise-longues).

◀ **EN LÍNEA.** La clave para que el ambiente se vea despejado es elegir muebles que respeten las proporciones del espacio. En el caso de un salón pequeño, lo ideal es disponer un sofá adosado a la pared y acompañarlo por butacas bajas, pufs o banquetas.

**1. BUTACAS.** Estas piezas dan mucho juego decorativo, ya que se pueden convertir en el foco de interés. Una opción es destacarlas con el color o con un estampado vistoso.

**2. SOFÁ MODULAR.** La gran ventaja de este sistema es que permite crear un sofá "a la carta", adaptado a cada espacio. En en este salón se formó una "L" con un módulo esquinero, que ayuda a delimitar el salón respecto al comedor.

**3. PUFS.** Son perfectos por su versatilidad –pues se trasladan con facilidad allá donde se necesitan– y por su ligereza.

**4. CHAISE-LONGUE.** Una buena propuesta: romper con el estilo general de la estancia con piezas de época.

1

2

3

4

◀ **ASIMETRÍA ACTUAL.** Las amplias dimensiones de este salón comedor permitieron crear una zona de estar en forma de "U" en torno a la chimenea. Para dar dinamismo al conjunto se optó por un juego de asimetrías, basado en la diversidad de las piezas elegidas. A los dos sofás tapizados a rayas, se sumaron una estilosa chaise-longue blanca y dos pufs que destacan por su elegante tapizado en seda negra.

◀ **CON APARADOR.** En línea con el estilo decorativo de la estancia se optó por disponer en la pared contigua a la chimenea un aparador de líneas muy actuales, que sirve de auxiliar en el comedor. Se trata de una pieza baja y alargada, que ofrece una gran capacidad. Junto al aparador se colocó una estantería alta sin trasera, para no recargar visualmente el espacio.

**▸ ESTANTERÍA EXENTA.** Cuando un auxiliar se ve excesivamente "aislado" en un espacio, un buen recurso es disponer dos piezas gemelas. En este caso se recurrió a dos estanterías de madera de wengué. Las librerías se pueden iluminar con pequeños apliques para darles un mayor realce.

## Librerías empotradas

Las librerías empotradas extraen el máximo partido al salón. También crean el marco ideal para un rincón de lectura, con una butaca o una chaise-longue.

# Soluciones de almacenaje

El orden es básico en la sala de estar, ya que es una de las zonas más concurridas de la casa. El tipo de equipamiento más adecuado está directamente relacionado con las dimensiones de la vivienda. Así, en un piso grande, probablemente no será necesario recargar el salón con muchos módulos de almacenaje, mientras que sí será conveniente aprovechar todos los metros útiles en un pequeño apartamento.
Sin duda, las piezas protagonistas del salón suelen ser las librerías, exentas o empotradas, aunque la alternativa más ligera consiste en disponer varias baldas o estantes a una altura suficiente para que no interfiera el paso. Las librerías pueden ser de obra (tabiquería tradicional); de cartón-yeso, también conocido como Pladur; o de escayola. Los modelos hechos a medida, además de ser los que mejor aprovechan el espacio, permiten una gran libertad creativa y la posibilidad de hallar cualquier solución para los distintos problemas de almacenaje. Así, son muy prácticas las librerías que optimizan el espacio inferior con armarios e incorporan módulos para disponer el televisor, el dvd y el equipo audiovisual, entre otras opciones.

# Integrar dos ambientes

En las casas actuales, el salón suele compartir el espacio con otros ambientes. En unos casos se debe, simplemente, a la falta de metros, pero en otros es una decisión que obedece a las nuevas tendencias, que apuestan por los espacios amplios y diáfanos, en detrimento de las plantas muy compartimentadas, típicas de décadas anteriores. Así, los ambientes que antes solían ocupar estancias independientes, como el comedor, el despacho, la salita de lectura o la biblioteca, se integran actualmente en el salón. Este espacio se ha convertido en una sala polivalente, a la que se da una gran variedad de usos.

Ello plantea una mayor dificultad a la hora de distribuir el espacio y obliga a ser muy rigurosos en la planificación del equipamiento, para lograr que el resultado sea armónico y equilibrado.

La integración de dos ambientes en el salón obliga también a plantearse la opción de dejarlos totalmente abiertos o bien delimitarlos, utilizando elementos arquitectónicos o recursos decorativos.

## SALÓN COMEDOR

**HOY DÍA, EL COMEDOR** suele compartir espacio con el salón. Si se opta por mantener los dos ambientes abiertos y comunicados, lo ideal es recurrir a muebles bajos y ligeros, como baúles, pufs o banquetas.

En cuanto al estilo, una opción siempre acertada es mantener la unidad decorativa para lograr un resultado homogéneo.

Asimismo, al relacionar los dos ambientes –bien sea repitiendo la paleta de color o bien usando los mismos materiales y acabados– se logra ganar profundidad visual.

▶ **DOS EN UNO.** En una sala amplia como la de esta casa, una alternativa válida es configurar dos zonas de estar, a las que se pueden dar distintos matices. Una buena opción consiste en crear un salón de invierno, arropado con tejidos cálidos –probablemente en torno a la chimenea– y otro de verano, con asientos tapizados con telas frescas y claras. En este caso se optó por sumar al salón principal una salita más informal, equipada con piezas de fibras naturales.

◂ **SEPARAR CON LA COLUMNA.** Lejos de pretender disimular su presencia, se utilizó la columna para reforzar la separación visual entre el salón y el comedor. La misma sensación se consigue con otros elementos estructurales como una parte de un tabique o el entrante en una planta irregular. Una buena alternativa es un murete bajo (de unos 120 cm de alto) para dar una mayor intimidad a cada ambiente; se puede hacer de obra, de Pladur o madera DM.

◂ **UNA ESTANTERÍA.** Los muebles ayudan a delimitar los ambientes. Si se elige una estantería hay que procurar que sea un modelo ligero, como éste de cristal y acero. Son perfectas las que no tienen trasera, porque no restan profundidad visual a la estancia. Otra posibilidad es apoyar una cómoda, una consola o un aparador bajo en la trasera del sofá.

▸ **CON LA TRASERA.** El recurso más sencillo es utilizar simplemente la disposición de los sofás. En este caso, el sofá "da la espalda" al comedor con la trasera, creando dos áreas. Otro elemento sutil que ayuda a reforzar esta sensación es el uso de alfombras, ideales para enmarcar cada zona.

## Zonas de paso diáfanas

Los espacios "blancos" también son importantes. De hecho, es necesario planificar la distribución del mobiliario de forma que se deje un pasillo libre de al menos 90-100 cm que permita atravesar la habitación de un extremo a otro. Y la misma distancia se debe respetar entre dos ambientes integrados, como el salón y el comedor. Asimismo, conviene dejar al menos unos 45 cm libres alrededor de cada pieza de mobiliario para evitar que la estancia se vea excesivamente abarrotada.

# Delimitar los ambientes

Tenemos muchos recursos para dar una cierta independencia a dos ambientes integrados. Las puertas correderas son la opción ideal pues permiten disfrutar de una sala abierta y diáfana cuando se desea, pero basta cerrarlas para lograr una total independencia.
No obstante, un vano o una entrada en arco basta para delimitar visualmente dos espacios comunicados.
Una buena opción para las salas amplias es crear un desnivel, de forma que los ambientes se puedan disponer a dos alturas; para ello será suficiente con hacer un zócalo de madera de unos 30 cm.
Asimismo, en ocasiones son las propias irregularidades de la planta, o algún elemento estructural como pueden ser las columnas o los pilares, los recursos que nos permiten enmarcar las distintas zonas.
El mobiliario también ofrece muchas posibilidades: desde la más sencilla, que es utilizar la propia trasera del sofá para separar los ambientes, a la disposición de una estantería alta, una cómoda o incluso un módulo para el equipo audiovisual, que sirva de elemento separador. Se puede enfatizar la separación utilizando distintos revestimientos.

# La sala de la televisión

Además de zona de descanso y tertulia, el salón suele ser también el lugar donde vemos la televisión, por lo que hay que planificar bien su ubicación y el tipo de mueble más indicado como soporte.

La "reina" de la casa condiciona la distribución del salón y obliga, en muchos casos, a recurrir a módulos realizados a medida para integrarla de la mejor manera posible en la estancia.

Entre las distintas opciones, los módulos bajos, fijos o con ruedas, son un recurso muy utilizado cuando "camuflar" el aparato no es una prioridad. También se hallan soportes y pedestales, de diseño muy actual, que ceden todo el protagonismo al televisor.

En cambio, si se considera que el aparato rompe el estilo decorativo del salón, conviene recurrir a muebles auxiliares con puertas (muebles chinos, aparadores de almoneda, etc.) que la mantengan escondida cuando no se utiliza. En este sentido son perfectos los muebles con puertas de persiana porque no requieren espacio en frente para abrirlas.

◂ **EN EL MUEBLE.** Una de las soluciones más prácticas consiste en integrar el televisor en la librería de obra. Del mismo modo, se puede prever un espacio para el equipo de música.

**1. DISEÑO A MEDIDA.** Este módulo coordina con el resto de las piezas auxiliares, como la vitrina o la cómoda.

**2. PANTALLA PLANA.** Las nuevas tecnologías ya han encontrado su soporte más adecuado. En este caso, un panel mural de Pianca integra el televisor y soluciona el almacenaje de los dvd.

**3. VANGUARDISTA.** Una pieza de diseño, que resulta perfecta para integrar el televisor en ambientes actuales. Es de la firma Bonaldo.

**4. EN EL MUEBLE.** La mayoría de los sistemas modulares incluyen piezas concebidas específicamente para alojar el televisor. Éste es de Poliform.

1

2

3

4

**◄ JUNTO AL SALÓN.** El comedor, aunque a menudo queda relegado a un segundo plano decorativo porque comparte espacio con el salón, es un espacio que merece toda nuestra atención, pues la mayoría de celebraciones familiares se hacen en torno a la mesa. El objetivo, tanto del interiorismo como de la iluminación, debe ser la creación de un clima agradable.

# Comedor

## Comodidad y practicidad

**EL COMEDOR es una de las estancias que más han evolucionado en los últimos años. En la mayor parte de los casos, ha dejado de ser un ambiente independiente, para integrarse en otros espacios de la casa. Aunque lo más frecuente es que comparta espacio con el salón, el nuevo diseño de interiores apuesta también por otra unión natural, dentro de una cocina amplia y funcional.**

El emplazamiento del comedor, que puede ocupar una estancia independiente o bien hallarse integrado en otro ambiente, determina en gran medida su estilo. Si comparte el espacio con otro ambiente, conviene que el comedor mantenga la unidad decorativa y la gama cromática general, sobre todo cuando se trata de espacios de dimensiones reducidas. De otro modo, se corre el riesgo de crear una atmósfera algo confusa. En cambio, si se halla en una estancia independiente, tendremos total libertad para seleccionar el estilo de esta zona.

◀ **INDEPENDIENTE.** Aunque no es la opción más habitual, el comedor independiente ofrece una serie de importantes ventajas: por un lado, se halla alejado de los ruidos y olores de la cocina y, por otro, en el caso de tener invitados, nos permite seguir la sobremesa en el salón, sin necesidad de recoger inmediatamente la mesa, algo que resulta inviable cuando los ambientes se hallan comunicados.

▶ **EN DIAGONAL.** En un salón comedor de planta cuadrada, se aconseja repartir los volúmenes, distribuyendo las piezas de mayor peso visual en las esquinas opuestas, creando una especie de diagonal visual. Así, si disponemos el sofá principal al fondo, en la pared derecha, lo mejor será tener la mesa del comedor en la entrada, ocupando la pared izquierda. En cambio en plantas muy alargadas y estrechas, lo habitual es colocar los ambientes en línea, apoyados en la misma pared, para dejar una zona de paso libre.

# Acertar con la ubicación

Para elegir el mejor emplazamiento para el comedor, es necesario reflexionar sobre nuestro estilo de vida, los hábitos, si nos gusta invitar a mucha gente a comer o preferimos reuniones íntimas... Si bien es cierto que una familia con niños precisa un comedor convencional, también lo es que una persona sola puede optar por prescindir de éste y sustituirlo por una zona de *office* en la cocina. No obstante, conviene tener prevista una solución para poder celebrar una comida en casa. En estos casos, resulta ideal decantarse por un mobiliario polivalente, como una gran mesa de trabajo que pueda reconvertirse para celebrar una cena con amigos, o incluso un gran tablero que se pueda suspender sobre dos caballetes y sillas plegables.

◀ **EN LA COCINA.** Siempre que sea posible, conviene reservar el espacio junto a la ventana para ubicar el comedor, para lograr un ambiente agradable y luminoso.

▶ **DELIMITAR.** Aunque se halle integrado en la cocina, conviene dar una cierta independencia al comedor. En este caso, es la propia península la que logra el efecto de separación. Otra opción es crear un murete bajo o, en estancias amplias, disponer un mueble, tipo alacena o aparador.

# Integrado en la cocina

Convertir la cocina en el eje neurálgico de la casa, donde se reúne la familia, se guisa, se come o se ayuda a los niños a hacer los deberes, no es una idea nueva. De hecho, este concepto, típico de los países del norte de Europa, no es más que una vuelta a las raíces, a las antiguas casas de campo donde la cocina era el "corazón" de la casa.

Las últimas tendencias apuestan fuerte por esta distribución, configurando grandes cocinas que integran el comedor, o bien recreando espacios diáfanos donde ésta se abre a la zona de salón comedor. El principal inconveniente de esta distribución es que la sala de estar recibe los olores del área de cocción, por lo que conviene ubicarlo en una zona aireada y disponer una campana extractora potente.

# Definir el estilo

Cuando el comedor está integrado en un espacio más amplio, como el salón o la cocina, el objetivo de la decoración debe estar encaminado a darle un carácter personal, que ayude a definirlo, sin perder la necesaria continuidad con el ambiente general.

Para lograrlo tenemos un gran abanico de opciones. Sin duda, la apuesta por darle un estilo propio es una de las más acertadas, aunque también es una de las que más riesgos comporta, pues el objetivo es lograr atmósferas armónicas y bien integradas. Así, en una cocina actual abierta quedará perfectamente integrado un rincón de *office* de aire rústico. O en un salón de aire clásico, resulta acertado disponer un comedor de inspiración colonial con el mobiliario de teca.

Para definir el estilo de un comedor, además del equipamiento básico, es decir, la mesa y las sillas, hay que cuidar todos los detalles: el tipo de lámpara elegida, las cortinas o estores, la alfombra, o incluso la ropa de mesa, son la clave para dar con el *look* apropiado.

◂ **RÚSTICO.** Muebles de almoneda, sillas de estilo Thonet y piezas recuperadas de maderas como el pino o el roble serán un acierto seguro en ambientes de campo.

**1. ESTILO MODERNO.** Para dar un aire actual al comedor, apuesta por las mesas en acabado wengué, de líneas muy rectas, aunque lo más nuevo son las mesas con estructura metálica o aluminio anodizado y los sobres de cristal o en acabado lacado.

**2. CLÁSICO.** Las mesas de maderas nobles, de factura impecable, acompañadas de sillas tapizadas en elegantes tejidos, son una baza que no falla para crear ambientes elegantes y refinados.

**3. ECLÉCTICO.** Este armario de madera de teca "rompe" con la imagen absolutamente moderna del ambiente.

**4. COLONIAL.** La apuesta infalible: piezas de maderas tropicales, como la teca (natural o lavada), y las sillas de fibras naturales como el ratán. Da al ambiente un toque de color, en ocres o tejas.

1

2

3

4

▶ **ESTAMPADOS.** Para dar un mayor interés decorativo al comedor se puede jugar con las telas, como se hizo aquí tapizando el respaldo de las sillas en un tejido distinto al del asiento.

◀ **LO MÁS EN BOGA.** Las últimas tendencias rompen con el tradicional comedor "a conjunto" y apuestan por contrastar mesa y sillas de distintos materiales.

## Una buena sugerencia

Suele ocurrir que las seis u ocho sillas que acompañan habitualmente a la mesa no sean suficientes el día que tenemos una comida familiar en casa. En ese momento, recurrimos a las sillas del *office* o de la terraza, creando un "caos" visual importante.
Para evitar este problema, la mejor opción es elegir la misma silla del comedor como auxiliar para el vestidor, el dormitorio o incluso en las habitaciones infantiles. De esa forma, se tiene una mesa en orden e integrada cuando se precisa.

# Elegir la mesa y las sillas

El comedor es un espacio funcional, que requiere materiales prácticos y resistentes, así como tapicerías fáciles de lavar y mantener. La configuración y la distribución deberían ser parcialmente flexibles, pues hay que tener en cuenta que el comedor debe resultar igual de cómodo y acogedor en un comida de cuatro personas que en una reunión familiar. Y esta diversidad de situaciones debe estar contemplada de antemano. Para solucionar el problema de las plazas resultan ideales las mesas extensibles (con alas, tipo libro, etc.). Las sillas, por su parte, deben ser cómodas. Las que tienen brazos son perfectas, pero requieren más espacio. En cambio, si elegimos la alternativa de las banquetas o los pufs de madera, hay que valorar la posibilidad de completarlos con cojines.

ANDREU WORLD

# Ganar espacio de almacenaje

En los comedores clásicos es habitual contar con un mueble que nos permita tener a mano el servicio de mesa, con armarios para la vajilla y la cristalería, y algún cajón para las mantelerías y las cuberterías. La elección de la pieza dependerá básicamente del espacio disponible y el estilo de la estancia. En comedores de tendencia actual, una opción muy apropiada es la disposición de un aparador o un módulo bajo, que coordine con el resto del mobiliario. Si no hay mucho espacio, será práctico contar con un carrito con ruedas, que nos sirva de superficie de apoyo a la hora de servir la mesa.

Las alacenas son la opción más completa, por su gran capacidad de almacenaje, y se encuentran en todos los estilos, desde el clásico al más rústico. El principal inconveniente es su gran peso visual, por lo que, cuando no sobran los metros, conviene decantarse por piezas lacadas en color blanco o decapadas en tonos suaves, así como por modelos con los frentes de cristal o tela de gallinero.

◂ **CON BIBLIOTECA.** Un comedor independiente puede ser la estancia apropiada para crear una gran librería de obra.

**1. SISTEMA MODULAR.** Los muebles auxiliares deben mantener la proporción con la mesa de comedor; los sistemas modulares permiten unir dos piezas idénticas para lograr la medida que mejor se adapta a nuestro espacio.

**2. APARADOR.** Junto a la mesa, conviene contar un mueble auxiliar que nos permita tener a mano la vajilla y la cristalería.

**3. ESTANTERÍA.** Una opción para enriquecer la zona del comedor es crear una estantería de obra; la de la imagen, combina dos acabados de madera.

**4. ALACENA.** Si el espacio lo permite, una vitrina es un auxiliar perfecto en el salón, pues a la practicidad se une su gran belleza.

1

2

3

4

◂ **EN PERFECTO ORDEN.** Es importante que los módulos y accesorios estén en el lugar que se necesitan. De ello depende un buen uso y funcionamiento de la cocina. Así, es lógico unir en una misma zona la placa de cocción con los hornos; y disponer junto a ellos gaveteros para las ollas y sartenes, y un cubertero. Mientras que en la zona de aguas deberá ir situado el fregadero y el lavavajillas, también conviene contar con un módulo alto para la vajilla y la cristalería y un módulo inferior para el cubo de la basura y los productos de limpieza.

# Cocina

## Máxima libertad creativa

**UNA BUENA PLANIFICACIÓN** de las necesidades y una correcta distribución de los elementos son las claves para acertar en la cocina. Aunque cada planta es distinta, existe una "regla de oro" que conviene respetar: la creación de un triángulo imaginario en cuyos vértices se sitúe cada zona de trabajo, la de aguas (el fregadero), la de fuegos (la placa de cocción) y la de almacenaje (con el área de despensa).

LEICHT

# Elegir los armarios

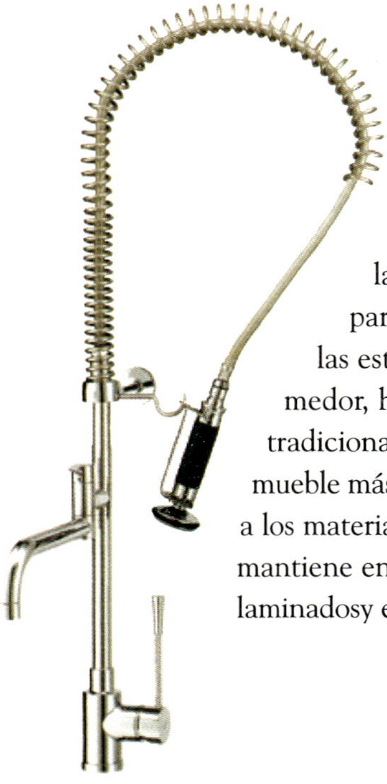

Actualmente se está viviendo una auténtica revolución en el terreno del mobiliario de la cocina, tanto en el diseño como en la introducción de nuevos materiales. Aunque el color blanco sigue siendo el rey, lo cierto es que las últimas tendencias apuestan por el color; así la cocina se viste de rojo, naranja o azul. Por otra parte, el hecho de que la cocina se haya abierto a las estancias nobles de la casa, como el salón y el comedor, ha obligado a dar un tratamiento distinto a los tradicionales armarios de cocina, para convertirlos en un mueble más, con una estética limpia y depurada. En cuanto a los materiales, la calidez que otorga la chapa de madera la mantiene entre los acabados más empleados, seguida de los laminadosy estratificados en colores claros.

◂ **FRENTES LACADOS.** Están a la última y se hallan en una gran gama de colores, en acabado satinado o brillante. Se hacen sobre una base de tablero de DM o de madera maciza, sobre la cual se aplican las capas de laca. El número de capas determina la calidad del armario.

**1. MADERA PINTADA.** En ambientes rústicos se siguen utilizando los muebles de madera maciza. Una buena forma de actualizarlos es darles un acabado envejecido o decapé.

**2. LAMINADOS.** Se hacen sobre una base de aglomerado, recubierta de láminas de material sintético (a base de resinas), que reproducen el aspecto de diferentes materiales, incluso el de la madera. Es ecónomico y muy resistente.

**3. ACERO INOX.** Sobre un tablero laminado se fija la chapa de aluminio. Se presenta en acabado liso o extrusionado.

**4. CHAPA DE MADERA.** La base de estos frentes es de DM o aglomerado, y sobre ella se adhieren las láminas de madera. Es más estable que la madera natural.

2

3

4

◄ **EN "L".** Este tipo de disposición se adapta bien a un mayor número de plantas, desde las de forma cuadrada a las más irregulares. En este caso, permitió disponer la zona de aguas en su emplazamiento ideal, bajo la ventana, y reservar la pared opuesta para la zona de fuegos.

◄ **EN LÍNEA.** Ésta es la mejor distribución para las plantas estrechas y alargadas. Aquí, se combinaron módulos altos y bajos, en dos acabados. El blanco de los armarios altos aporta luminosidad y aligera visualmente el conjunto, mientras que la madera de los frentes inferiores pone el toque de calidez en la cocina.

▶ **EN "U"**. La ventaja de esta distribución es que acepta establer un "triángulo de trabajo" (en el que cada área ocupa un vértice) muy cómodo y racional, pues permite tener todos los elementos a mano.

## En el interior

Los accesorios interiores son esenciales para mantener un riguroso orden en la cocina; los hay para cubiertos, platos, copas, cuchillos o alimentos, entre otros.

# Organizar el almacenaje

El primer paso, antes de decidir la distribución de los muebles y el tipo de equipamiento, es hacer un estudio de las necesidades de almacenaje. Se calcula que, por término medio, una familia de cuatro miembros precisa al menos cinco metros lineales entre módulos altos y bajos. Hay que tener en cuenta que los módulos bajos ofrecen una mayor capacidad, ya que suelen medir 60 cm de fondo, mientras que los altos miden tan sólo 35 cm. En la actualidad, hay módulos específicos para el almacenaje (productos de limpieza, despensa, botelleros, cubos de reciclaje, etc.), así como accesorios para el interior de los cajones (plateros, cuberteros, especieros, etc.), que permiten tener un sitio para cada cosa. Entre los módulos más interesantes, destacan las columnas extraíbles, que se encuentran en todos los tamaños, tanto de alto como de ancho, y posibilitan un acceso cómodo al fondo. Si la cocina es amplia, lo mejor es reservar la zona de acceso o uno de los extremos para disponer los armarios altos (los hay con puertas de cristal al ácido que resultan más ligeros). También son muy prácticos los módulos esquineros, equipados con cestas giratorias.

# Ganar superficie con la isla

La isla es un módulo independiente que se utiliza para aprovechar el espacio central de una cocina amplia. Por su ubicación en el centro de la estancia, resulta muy cómoda, pues permite acercar las distintas áreas de trabajo. La isla, además de ofrecer una superficie extra de trabajo y de almacenaje, también puede integrar la zona de aguas o el área de fuegos (o ambos, si hay suficiente espacio de separación); aunque si se integra la placa de cocción, ello obliga a prever la instalación de una gran campana extractora.
Las tendencias actuales están generalizando la utilización de estos módulos como barra de desayunos, dejando una parte de la encimera volada para proporcionar espacio suficiente para las piernas. Otra opción muy en boga son las islas que se prolongan en una mesa de *office*.
No obstante, para que resulten realmente cómodas, estos módulos deben dejar una zona de paso de al menos 100-110 cm en todo su perímetro, por lo que sólo están aconsejadas en cocinas holgadas.

## LIGEREZA VISUAL

**LA ISLA RESULTA IDEAL** cuando se quiere dejar una pared despejada de muebles (como ocurre en el caso de las cocinas con una pared totalmente acristalada) o bien para aprovechar la pared principal como zona de almacenaje.
En esta cocina se optó por los módulos bajos para lograr una sensación de gran ligereza y amplitud, y se reservó la zona más luminosa, junto al ventanal, para disponer la mesa de *office*. Sobre la placa de cocción se dispuso una campana extractora decorativa.

**▸ INTEGRA LA ZONA DE AGUAS.** En la cocina es importante conseguir la máxima ergonomía y comodidad de uso. La isla ayuda, en este caso, a acortar los recorridos entre la zona de aguas y el área de cocción, situada justo detrás. Al mismo tiempo, esta distribución permitió crear una interesante zona de almanenaje, que alberga en la pared principal la bodega y los armarios despenseros.

**▸ ÁREA DE COCCIÓN.** Otro ejemplo de buena distribución: la zona de aguas, bajo la ventana, se encuentra justo enfrente de la placa de cocción situada en la isla. La gran capacidad interior del módulo se aprovecha con cajones y gaveteros.

◂ **EN FORMA DE "U".** La prolongación de los armarios con la península permitió configurar una distribución en "U", una de las más cómodas para trabajar en la cocina. Para no abarrotar la estancia con un exceso de mobiliario, se optó por prescindir de los módulos altos.
Dado que no quedaba mucho espacio para la mesa de *office*, se optó por un modelo ligero, de estructura metálica y sobre de cristal templado y unas sillas plegables.

◂ **EQUIPADA CON UNA BARRA.** En esta cocina, la península sirve al mismo tiempo como barra de desayunos, acompañada de dos taburetes altos. El lateral se aprovechó para crear un botellero.

▶ **CON VITRINA.** Gracias a la península se logra alargar la superficie de trabajo y el espacio de almacenaje allí donde se acaba la pared. En este caso, incorpora una vitrina, ideal para tener a mano el servicio de mesa en la zona de *office*.

## Encimeras resistentes

Entre los materiales más indicados para la encimera se puede hablar de tres grandes grupos. Entre los materiales pétreos, los más utilizados en la cocina son el mármol y el granito, más resistente. Un segundo grupo lo forman materiales sintéticos como el Silestone, el Corian, el Cristalite o el Ir'o. Son resistentes y están concebidos para soportar las condiciones de la cocina. Un tercer grupo lo formarían los laminados, que pueden imitar el acabado de la madera; los de mayor calidad son los estratificados.

# Con península

Uno de los recursos de distribución más utilizados hoy día en las cocinas de más de 10 metros cuadrados es la creación de una península. Se trata de un módulo bajo, unido al mobiliario o a la pared por un extremo. Este módulo permite ganar superficie de trabajo y de almacenaje, por lo que se alza como una alternativa ideal cuando se pretenden despejar las paredes de armarios altos.

Por otro lado, al quedar dispuesta de forma transversal, la península se utiliza generalmente para generar una separación óptica entre la cocina propiamente dicha y la zona de comedor, a la que sirve de auxiliar. Una buena opción a la hora de diseñar el área de península es imprimirle un tratamiento distinto a los dos frentes. Así, en la cara interior, se pueden mantener las puertas del mismo material que el del resto de la cocina, mientras que la exterior, la que se enfrenta al *office*, puede acabarse con vitrinas, que resultan más decorativas.

La península, al igual que la isla, suele albergar la zona de fuegos o de aguas, lo que permite una distribución lógica, que acerca las distintas zonas de trabajo para un acceso más rápido y cómodo.

# Crear un comedor de diario

Desde una mesa exenta para cuatro o seis personas, en el caso de las cocinas más amplias, a una simple balda de 25-30 cm de profundidad acompañada por taburetes altos, las posibilidades para contar con un *office* son muchas y adaptadas a las dimensiones de cualquier cocina. En general, el comedor se suele disponer lo más cerca posible de una entrada de una puerta o ventana, para que disfrute de luz natural. No obstante, la mesa de *office* debe estar bien iluminada con una lámpara de techo realizada en un material de fácil lavado, pues estará muy expuesta a las grasas y humos. Además de las mesas exentas, que son las que requieren un mayor espacio, también debemos considerar la opción de los modelos con alas abatibles acompañados de sillas plegables, que nos permitirán tomar el desayuno en la cocina. Otra alternativa para las cocinas reducidas consiste en prolongar la encimera, dejándola volada, para que sirva de mesita para desayunos, y unirle unos taburetes que queden recogidos bajo la superficie de trabajo cuando no se utilizan.

◄ **INDEPENDIENTE.** Un buen ejemplo de cómo integrar el *office* en la cocina, sin restarle autonomía. La mesa se acompañó de una gran banqueta en forma de "L" y sillas tapizadas.

**1. MURETE BAJO.** Un recurso utilizado para delimitar visualmente la zona de comedor es levantar un murete bajo (es suficiente alzar uno de 120 cm).

**2. CON BARRA DE DESAYUNOS.** Cuando no hay espacio suficiente para el comedor, una barra es la solución para poder tomar el desayuno o una comida rápida en la cocina. En este caso, está integrada en la isla.

**3. MESA EXENTA.** Los modelos de mesa de forma circular, al carecer de esquinas, permiten aprovechar al máximo el espacio, por lo que están indicados en cocinas de dimensiones reducidas.

**4. PARA DOS.** Una mesa de bar con un pie central y dos taburetes ligeros logran la mínima expresión del *office*.

1

2

3

4

# Dormitorio

## El verdadero refugio

◀ **EN LA BUHARDILLA.** El telón de fondo en un blanco impoluto permitió apostar por la intensidad del negro para crear un impactante contraste. La ropa de cama y los coordinados textiles juegan un papel tan importante como los muebles en la definición del estilo decorativo.

▶ **MUY PERSONAL.** Son los pequeños detalles los que dan el aire definitivo al ambiente. Una lámpara antigua, con el pie de piedra, crea un punto de tensión interesante en un ambiente de estilo actual, con el mobiliario lacado en color negro.
Del mismo modo, la superposición de cojines de distintos tejidos es la garantía de un dormitorio cálido y acogedor.

**ES LA ESTANCIA MÁS ÍNTIMA de la casa y, por lo tanto, la que permite más concesiones. Es conveniente crear una atmósfera en la que te sientas realmente a gusto: sofisticada, con unas alfombras de piel de cebra y un cabecero tapizado en piel negra; romántica, con una bella cama con dosel; artística, utilizando una puerta de madera tallada recuperada como cabecero; o viajera, con unos pufs marroquíes como mesitas.**

Conseguir esa atmósfera tan especial no es fácil y requiere una correcta selección de los elementos. Todos suman, desde la pieza principal, que es la cama, hasta el último complemento.

Para empezar, hay que pensar en los revestimientos. En el suelo, conviene contar con una alfombra que ayude a abrigar la estancia, sobre todo, en invierno. En cuanto al color de la pared, lo mejor es decantarse por los colores suaves que inviten al descanso. Otra idea elegante es empapelar o entelar la pared.

# Seleccionar el cabecero

La elección del cabecero de cama depende del estilo que queramos ofrecer al dormitorio. Los de diseños de madera de roble o pino y los de hierro forjado son ideales para imprimir un aire rústico a la estancia; mientras que los cabeceros realizados en maderas tropicales, como la teca, ayudan a dar un toque exótico al dormitorio. En los ambientes clásicos encajan los cabeceros tapizados en telas ricas, como los damascos, los *jacquards* o las sedas; además, se puede acentuar el efecto con una confección en capitoné. Y los amantes de las tendencias más actuales tienen un amplio abanico de propuestas, tanto en diseños realizados con maderas en boga (el wengué, el zebrano o el ébano) o con tapizados (el cuero, el ante, la alcántara o la chenilla).

◀ **UNA REPISA DE DM.** En los dormitorios de pocos metros, se puede sustituir el cabecero de cama tradicional por una simple repisa de obra (realizada en Pladur o DM). Con un fondo de 25 cm, servirá para apoyar las lámparas de sobremesa, el reloj o un libro. Los modelos más completos integran las dos mesitas de noche.

▶ **CÁLIDA MADERA.** El mercado ofrece una gran variedad de diseños de cabeceros en todos los estilos decorativos. En gran medida encajan en ambientes de líneas muy distintas, como ocurre con el de la imagen. Se trata de un diseño de listones de madera, atemporal, que puede funcionar igual de bien en un dormitorio actual como en una casa de campo; en estos casos, son el resto de muebles y la ropa de cama los que ayudan a definir el estilo.

◀ **CON AIRE CLÁSICO.** Los armarios lacados en blanco con los frentes de cristal logran dar un aire tradicional a la estancia. Este diseño está hecho a medida, para aprovechar toda la esquina.

▶ **AL PIE DE LA CAMA.** En este caso, se diseñó un armario a medida de suelo a techo, que ocupa todo el ancho de la pared. Los frentes de madera se combinaron con una franja central de cristal, para restar peso visual a la composición.

## Los diseños más actuales

ANAQUEL ARMARIOS

Una propuesta actual: los frentes lacados o de cristal, en tonos intensos, como el azul, el naranja o el rojo, sin olvidar el blanco y el negro, con perfilerías de aluminio.

# Armarios a medida

A la hora de elegir los armarios hay que planificar la distribución y llegar a un compromiso entre la necesidad de almacenaje y la sobresaturación del espacio; es decir, se trata de garantizar que la capacidad para guardar esté resuelta, sin que el dormitorio se vea absolutamente abarrotado. En este sentido, son ideales los armarios empotrados, pues se integran bien en el dormitorio y no le restan profundidad visual. Una alternativa que permite aprovechar hasta el último centímetro son los diseños hechos a medida. Aunque resultan más caros que los modelos estándar, permiten adecuarse a cualquier planta, incluso a las de forma irregular o con el techo abuhardillado; o ajustarse a las necesidades concretas, combinando armarios con cajones, barras o baldas.

# Integrar un vestidor

El vestidor es, sin duda, la mejor solución para garantizar el orden en el dormitorio. El principal problema es, obviamente, la falta de metros de las habitaciones actuales. No obstante, antes de descartar esta opción, vale la pena considerar la posibilidad de anexionar una pequeña habitación contigua, eliminando un tabique. Una vez decidida su ubicación, deberemos estudiar si queremos el vestidor abierto o cerrado. Estos últimos son perfectos porque mantienen la ropa protegida del polvo y no obligan a mantener un orden tan riguroso como los abiertos.

◄ **EN "U".** Este vestidor, situado en una estancia independiente, presenta una de las distribuciones más completas con los armarios en "U".

**1. TRAS EL CABECERO.** El área de armarios se encuentra en la entrada al dormitorio. Un tabique bajo delimita esta zona y sirve de apoyo a la cama.

**2. DOS AMBIENTES.** El dormitorio está abierto al vestidor, pero disfruta de una total autonomía. Para conseguirlo se dejó un vano sin puerta como zona de paso.

**3. CON CORREDERAS.** Uno de los sistemas más habituales para integrar el vestidor consiste en separarlo mediante unas puertas correderas, que permiten ocultarlo a la vista cuando se desea.

**4. UNA PARED ALTA.** Una estancia amplia y de techos altos permite crear un pared que no llegue hasta el techo para separar el ambiente en dos áreas de uso: la de descanso y la de vestidor, situada tras el original cabecero.

1

2

3

4

◀ **LA BAÑERA** redonda actúa como elemento separador entre los dos ambientes. Para proteger la zona del dormitorio de las salpicaduras se optó por instalar una mampara semicircular. Y el faldón se revistió con mármol para mantener la unidad decorativa.

▶ **ZONA DE CORTESÍA.** El color se utilizó para enmarcar el lavabo y darle un carácter propio. Los lavabos de acero inoxidable resultan muy ligeros a la vista.

## Rincón de trabajo

Contar con un rincón de trabajo acogedor en el dormitorio no requiere mucho espacio. Para no recargar la estancia elige piezas ligeras como éstas.

# Dormitorio en *suite*

Aunque lo más habitual es que el cuarto de baño en *suite* se independice con una puerta, muchos interioristas abogan por integrar la bañera y la zona de cortesía del lavabo en el dormitorio, sin ningún tipo de separación estructural. La idea que sostiene este argumento es ceder la mejor ubicación a la bañera, con el objetivo de favorecer el gratificante y relajante baño.

En la actualidad, se encuentra una gran variedad de bañeras exentas, en todos los estilos, que además de funcionales resultan muy decorativas, por la belleza de sus formas, casi escultóricas. También existen firmas de bañeras de hidromasaje que permiten elegir el material del revestimiento "a la carta", de manera que se pueda adaptar a cualquier decoración. El principal inconveniente de tener la bañera en el dormitorio es la humedad y el vapor que se puede acumular, así como el problema de las salpicaduras de agua en el suelo, por lo que deberemos escoger un material apropiado (cerámica, parqués tratados, mármol, etc.). Si nos decantamos por una zona de lavabo, lo ideal es hacer un mueble a medida, que coordine con el resto del mobiliario.

# Aprovechar el espacio

Cuando no sobran los metros se impone la funcionalidad. La cuestión es sacar partido a cada centímetro con soluciones prácticas. En el dormitorio, una buena idea es decantarse por una cama abatible, que permita guardar en su interior la ropa de otras temporadas. En el caso de una cama convencional, se puede aprovechar la parte inferior con cajas o cestas. Otro truco es recurrir a muebles polivalentes que tengan capacidad interior, como los baúles o arcones, que pueden colocarse a modo de mesita de noche o a pie de cama.

Si lo que queremos es integrar un rincón de trabajo, podemos sustituir una de las mesitas por un buró o una mesa de escritorio que coordine con el estilo del dormitorio. O bien se puede crear una cómoda zona de lectura, con una butaca y una lámpara de pie.

No obstante, entre todos los recursos para ganar capacidad de almacenaje los más eficaces son los muebles a medida, que permiten crear las composiciones que mejor se adaptan a tus necesidades.

◄ **EL MUEBLE** a medida enmarca la ventana y permite aprovechar el resto de la pared como espacio de almacenaje. Al tratarse de una pieza voluminosa se le dio un acabado lacado blanco, que le imprime un aire más ligero y luminoso.

**1 Y 2. AIRE CLÁSICO.** En un ambiente clásico y espacioso como éste, se optó por disponer un mueble auxiliar a medida, pensado para aprovechar una de las esquinas. Se pintó en los mismos colores, en beige y gris, que el de las mesitas de noche.

**3 Y 4. TOQUE ACTUAL.** En este dormitorio de amplias dimensiones se configuró una zona de vestidor, con un armario hecho a medida. Este módulo se utiliza como elemento separador entre los dos ambientes y sirve de apoyo a la cama por el lado de la habitación. Para ganar dinamismo, se optó por romper el bloque del armario con un entrante que sirve de estantería para complementos.

1

2

3

4

# Infantil

## Un mundo mágico

**EL REFUGIO DE LOS MÁS PEQUEÑOS de la casa debe ser alegre, colorista e imaginativo, como ellos. Las telas coordinadas, los papeles pintados o las bellas técnicas de pintura decorativa son buenos aliados a la hora de poner el toque más divertido; mientras que los muebles que "crecen" con el niño son el recurso ideal para alargar la vida útil de su habitación.**

◀ **PREVISIÓN.** Los bebés crecen más rápido de lo que nos pensamos, por ello conviene prever las futuras necesidades y estudiar el mobiliario más adecuado, de forma que podamos rentabilizar la inversión.
Una habitación decorada en tonos neutros, como la de la imagen, resulta tan adecuada para un bebé de pocos meses como para un niño más mayor. En cambio, si nos decantamos por los motivos infantiles, se verá desfasada más pronto.

▶ **ESPACIO.** Además de la previsión de las necesidades futuras, otra gran preocupación, cuando se trata de la decoración del cuarto infantil, es extraer el máximo partido a los metros útiles, pues allí se acumulan más cosas de lo que *a priori* nos podemos imaginar.

◂ **BALDAS Y CAJONES.** Aunque el armario es necesario, siempre conviene contar con una cómoda para tener bien ordenadas las prendas pequeñas. En este caso, se eligió un armario más completo con estantes.

**1. POLIVALENTES.** Siempre que puedas, elige muebles versátiles, con una doble utilidad, como es el caso de las cómodas que incorporan el cambiador.

**2. ARMARIO.** Entre los más decorativos se hallan los que tienen los frentes de cristal, que puedes personalizar con unas cortinillas interiores a juego con el resto de los coordinados.

**3. CAJAS Y CESTAS.** Son el accesorio que no puede faltar; si están a una altura accesible, ellos mismos se podrán hacer cargo del orden de sus juguetes.

**4. MUEBLES QUE "CAMBIAN".** La mejor forma de aprovechar los muebles es darles nuevos usos. Stokke propone una cuna que se convierte en cómoda.

## Un cuarto en orden

Como cualquier estancia de la casa, el dormitorio infantil requiere una correcta planificación del espacio, sobre todo cuando no sobran los metros. En estos casos, los muebles empotrados son una buena elección porque aprovechan hasta el último centímetro y se ajustan a las necesidades concretas de cada familia.

No obstante, en la actualidad hay una amplia gama de muebles de serie, concebidos específicamente para extraer el máximo partido al cuarto infantil. Una opción práctica son los armarios que sitúan la cama en la parte superior y que, incluso, pueden llegar a incluir una zona de escritorio. Otra posibilidad son las camas abatibles, que permiten disponer durante el día de un espacio central para juegos.

Por otra parte, siempre es acertado contar con una cama extra, por si algún día el niño quiere invitar a un amigo. En este sentido, las camas nido son un recurso muy extendido ya que ofrecen una buena solución sin ocupar ningún espacio extra.

1

2

3

FULI & C

4

STOKKE

◀ **BIEN APROVECHADO.** Junto a la cama, en lugar de la clásica mesita de noche, se optó por un chifonier alto y estrecho, que ofrece una mayor capacidad. En la pared libre se situó la mesa de escritorio con una silla giratoria. El baúl a pie de cama y las cajas de madera sirven para tener ordenados los juguetes. También es práctico poner unos percheros a su altura para que cuelguen sus batas o chaquetas.

◀ **LITERAS EN "L".** Esta solución permite contar con un espacio libre junto a la litera inferior que se puede aprovechar con una cómoda o un *book*. En la zona de escritorio, conviene rentabilizar el espacio en vertical, colocando estanterías o paneles de corcho donde apuntar los deberes pendientes.

▸ **MUY PERSONAL.** Lo práctico no está reñido con lo decorativo. Se puede configurar una zona de estudio muy atractiva con una pieza de almoneda, de madera maciza, o un buró antiguo. En este caso se optó por aligerar el conjunto y darle un aire romántico con un acabado decapado.

## Compartir la habitación

La falta de espacio en los pisos actuales hace que a menudo los niños deban compartir su habitación con un hermano. Aunque lo ideal y más cómodo es que cada niño tenga su cama individual, existen otras opciones. A las clásicas literas, se suman los modelos denominados "en tren", perfectos para plantas muy alargadas, que aprovechan el espacio inferior como almacenaje. En plantas cuadradas, la disposición en "L" de las literas es una solución excelente para contar con un espacio central más despejado.

Por otra parte, si no se cuenta con una habitación de estudio independiente, es necesario planificar una zona de trabajo para que el niño haga sus deberes con comodidad. Una mesa práctica no debe medir menos de 100 x 60 cm y ha de estar acompañada de una silla ergonómica y una lámpara tipo flexo. La solución más ligera consiste en instalar una simple balda volada en una de las paredes libres.

# Color e imaginación

A partir de los tres o cuatro años los niños ya empiezan a tener muy claros sus gustos y preferencias, así que resulta fantástico contar con su complicidad a la hora de decorar su dormitorio. La elección de sus colores favoritos para la pared y los coordinados textiles le hará sentir más a gusto, además de "mayor".

La pintura es la forma más sencilla y económica de personalizar el dormitorio y darle un toque de color, aunque, sin duda, los nuevos papeles pintados ofrecen un amplio abanico de diseños en todos los estilos. Una alternativa es combinar ambas técnicas, reservando el papel para la parte inferior, de forma que proteja la pared de los roces. En este sentido, otra opción muy práctica es crear un zócalo decorativo con listones de madera DM, que se pueden limpiar con facilidad. Los pequeños artistas de la casa disfrutarán con un recurso original: pintar la pared o un frontal de armario con pintura de pizarra; así sus "obras" pasarán a formar parte de la decoración.

## COORDINADOS

PAPEL Y TELAS. Nuestra imaginación es el único límite a la hora de decorar el cuarto infantil. Las firmas ofrecen amplias colecciones de coordinados que mezclan telas para la ropa de cama y papeles y cenefas para las paredes. En cuanto a los colores, se recomiendan tonos alegres, que estimulen al niño; están especialmente indicados los verdes y los azules, por ser tonos que propician el descanso. En este caso, los colores vivos de la pared se compensaron con un mobiliario neutro, en un tono gris.

CASADECO

**▸ PINTURA MURAL.** Sin duda, recurrir a los expertos en técnicas de pintura decorativa es una opción que asegura el resultado y permite personalizar el ambiente y adecuarlo a los gustos del niño; los motivos pueden ir desde los coches a las clásicas princesas.

**▸ ZÓCALO DE MADERA.** Las lamas de pino logran dar al ambiente un aire muy cálido, al tiempo que protegen la pared de los roces. Los textiles resistentes como la rafia o la arpillera son también opciones prácticas para configurar un friso.

◂ **DISEÑOS DE OBRA.** En este espacio se ha creado un juego de volúmenes que consigue separar de forma audaz los distintos ambientes de la zona de aguas. La bañera, un hidromasaje levantado sobre un escalón, y la ducha de obra, están revestidas con gresite beige, un tono que proporciona luminosidad al espacio. El tamaño, de 4 x 4 cm, es ideal para ampliar visualmente el espacio.

▸ **CUIDAR EL DETALLE** Los geles, las sales y los jabones con aromas agradables potencian el placer de un baño con espuma. No hay que descuidar tampoco el agradable tacto de unas suaves toallas de rizo.

# Baño

## Un centro de bienestar

**CREAR UN PEQUEÑO SPA en el cuarto de baño de casa es ya posible con los modernos equipamientos. Las bañeras de hidromasaje, los platos de ducha con caída de agua en forma de lluvia o las cabinas con *jets*, son las nuevas propuestas que han permitido dar un giro de 360° al concepto del baño. Hoy día, éste ha pasado a ser la estancia donde nos cuidamos y nos relajamos en un ambiente agradable.**

Sea cual sea el equipamiento escogido para el cuarto de baño, el objetivo último debe ser lograr una estancia que resulte diáfana y funcional. Siempre que el espacio lo permita, conviene separar las distintas zonas de uso. Esto es: la zona de cortesía, con el lavabo, que al ser el área más atractiva debe quedar frente a la puerta de entrada; la zona de aguas, con la bañera o la cabina de ducha (o ambas); y, por último, la zona de inodoros (WC y bidé), que se situarán en el espacio menos visible.

**◄ FRÍO CEMENTO.** Dentro de un dormitorio de grandes dimensiones se creó un tabique divisorio, para dar apoyo al lavabo. El panel, que integra la iluminación, se revistió de madera. La estructura del lavabo es de cemento y los dos armarios se hicieron en madera. El ambiente se completa con los dos lavabos de sobremesa.

**► CÁLIDA MADERA.** En contraste con los revestimientos en color negro, destaca el armario de madera de teca, que aporta la nota más cálida. Los lavabos van encastrados.

**◄ A TODO COLOR.** Las últimas tendencias apuestan por poner una nota de color en el baño.

## Zona de cortesía

En el caso de un baño compartido, que suelen ser la mayoría, resulta interesante disponer dos lavabos para que pueda ser utilizado por dos personas al mismo tiempo. A los tradicionales lavabos encastrados les ha salido una fuerte competencia: los modelos de sobremesa, que van apoyados sobre la encimera y dan al baño un aire muy actual. En cuanto a los materiales, se encuentran desde los tradicionales de porcelana blanca, a los más modernos de acero inox, cristal (al ácido o tintado en colores) o Corian, así como en madera tratada o piedra de río natural.

ITACA DESIGN

L'OCCITANE
L'OCCITANE

◂ **BIEN APROVECHADO.** El bajolavabo hecho a medida ofrece un amplio espacio de almacenaje, con armarios, cajones para los útiles pequeños y baldas para las toallas.

▸ **DOBLE LAVABO.** La estructura de obra se cerró con un armario con los frentes de cristal translúcido. Los lavabos se completaron con las griferías murales, que ayudan a ahorrar espacio en la encimera.

## Armarios exentos

Los programas modulares ofrecen una gran variedad de piezas, que se adecúan a todos los espacios, como este armario con persiana.

# Elegir el armario bajolavabo

El análisis del espacio y de las necesidades de almacenaje son la clave para acertar en el cuarto de baño. Los armarios a medida son la mejor solución para aprovechar al máximo los metros. No obstante, en la actualidad los sistemas modulares ofrecen una gran variedad de auxiliares que permiten ajustarse a cualquier tipo de espacio. En cuanto a los materiales, la diversidad es aún mayor. Para estancias pequeñas están recomendados los acabados luminosos, como los lacados en colores claros y las variedades más claras de la madera, así como los modernos diseños en cristal serigrafiado. Si el ambiente es luminoso, podemos decantarnos por las maderas oscuras, como el wengué, la teca o el iroco, muy resistentes a las condiciones de humedad del baño.

◀ **ELEVADA.** A la ducha se accede a través de unos peldaños. Se halla a continuación de la zona de lavabo y protegida por una cabina acristalada.

**1. LAS MAMPARAS** de cristal son ideales en baños de pequeñas dimensiones, pues no restan profundidad visual a la estancia.

**2. CABINA ABIERTA.** Una de las versiones más cómodas: tras la pared donde se halla el lavabo, se encuentra la ducha. En este caso, se optó por mantener la continuidad decorativa, utilizando el mismo revestimiento, un gres porcelánico en un intenso color antracita.

**3. EN MÁRMOL.** La versión más clásica y, sin duda, una de las más elegantes: la cabina está totalmente revestida en mármol travertino. Junto a la cabina, se dispuso un radiador-toallero.

**4. UN TOQUE EN ROJO.** En esta cabina de ducha se combinaron dos tipos de revestimientos: la madera en el suelo y el mosaico (piezas de 20 x 20 cm) para la pared. El color rojo de la ducha tiene continuidad en la cenefa de la pared.

## Cabinas de ducha

La instalación de un hidromasaje en casa ya no es un lujo al alcance de unos pocos; a las bañeras con las funciones más sofisticadas se han sumado las columnas de ducha con *jets* que permiten instalarlas, apenas sin obras, en la antigua bañera o cabina.

En el mercado se encuentran modelos de platos de ducha en distintas medidas y formas (rectangulares, cuadrados, angulares, etc.). No obstante, también puedes crear una cabina de ducha a la medida, utilizando como revestimiento materiales resistentes al agua. Son ideales las maderas tropicales como el iroco, el wengué o la teca (tratadas con barnices especiales para resistir al agua). También son adecuados los materiales pétreos (mármol, pizarra, piedra de Colmenar, etc.). Y en cuanto a los revestimientos cerámicos, el mosaico es perfecto para el suelo porque, al tener muchas juntas, es poco resbaladizo.

1

2

3

4

◀ **ESCULTÓRICA.** Esta bañera es un diseño de la firma ArtQuitect, que llena por sí mismo el ambiente. Sus formas voluminosas requieren un espacio bastante amplio a su alrededor.

▶ **REDONDA.** En la actualidad se hallan bañeras de distintas formas, que se adaptan a todos los espacios.

## Beneficios del hidromasaje

Hoy día, se hallan bañeras de hidromasaje del mismo tamaño que los diseños tradicionales, que permiten configurar un auténtico *spa* en casa, con funciones tan beneficiosas y sofisticadas como la cromoterapia o la aromaterapia.

## El baño más relajante

Cuando se dispone de tiempo, no hay nada más relajante que un baño caliente en una gran bañera. Si el espacio lo permite, su ubicación ideal es bajo la ventana, para disfrutar de la luminosidad natural. A las tradicionales bañeras, de porcelana o hierro fundido (más resistentes, pero de tacto más frío), hay que sumar la posibilidad de instalar una bañera exenta. Hoy día, estos modelos han experimentado un auténtico resurgir y se encuentran diseños de gran belleza en todos los estilos, desde los de aire más "retro" con las tradicionales patas curvadas a las propuestas más innovadoras, de formas absolutamente escultóricas. Lo ideal es focalizar el centro de atención en ellas, cediéndoles todo el protagonismo, aunque hay que tener en cuenta que requieren espacios de amplias dimensiones.
Otra posibilidad se encuentra en los modelos de bañera encastradas en el suelo, que logran dar al baño una sensación de mayor amplitud. Se pueden instalar en un desnivel revestido del mismo material que el resto del pavimento; o bien situarse en una tarima más elevada, lo cual servirá al mismo tiempo para delimitar visualmente esta zona.

◂ **ZONA DE ARMARIOS.** A continuación de la zona de cortesía, y junto al gran ventanal, se creó un completo vestidor con dos hileras de armarios enfrentados. La madera oscura de wengué de los marcos logra dar la necesaria continuidad a los dos ambientes.

**1. ABIERTO.** La pared lateral del cuarto de baño se aprovechó con un armario modular abierto.

**2. EN VERTICAL.** Al mueble bajolavabo se sumó un armario alto de gran capacidad, que permite tener a mano todos los útiles del baño.

**3. EXENTO.** El programa modular ofrece la opción de combinar armarios y auxiliares de varios tipos, en función del espacio disponible y la forma del cuarto de baño.

**4. VESTIDOR.** La entrada al baño es un buen lugar para ubicar un vestidor; éste, abierto, combina una zona de barras para colgar y cajoneras.

## Rentabilizar los metros

Las toallas, los enseres de baño, el botiquín..., lo cierto es que en el baño se acumulan más objetos de los que parece a primera vista, por lo que conviene prever las necesidades de almacenaje y encontrar las mejores soluciones. En pocos metros, hay muchas opciones prácticas, como los clásicos armarios con espejo, las baldas de cristal, o incluso los accesorios para complementos de todo tipo que se adhieren a la pared con sencillas ventosas. En el caso de que el mueble bajolavabo recargue en exceso la estancia, se puede optar por muebles auxiliares, como carritos o *books*, o incluso aprovechar el espacio inferior con cajas o cestas de fibras naturales. Si el espacio lo permite, conviene ganar capacidad con los modernos sistemas modulares, que proporcionan diseños de distintos tamaños y formas para adecuarse a cualquier rincón. Y, por último, en baños amplios las posibilidades crecen hasta llegar incluso a ofrecer la oportunidad de integrar una práctica zona de vestidor, con armarios cerrados o abiertos.

1

2

3

4

# 3. Ganar con la reforma

DETRÁS DE CADA ESTANCIA CONFORTABLE Y DE CADA ATMÓSFERA VIVIDA SIEMPRE SE ESCONDE UNA SELECCIÓN DE MATERIALES Y EQUIPAMIENTOS QUE COMBINAN UNAS ELEVADAS PRESTACIONES TÉCNICAS CON EL ESTILO ELEGIDO. ANALIZA LOS REVESTIMIENTOS, LOS ELEMENTOS ESTRUCTURALES, LOS CERRAMIENTOS Y EL SISTEMA DE CLIMATIZACIÓN QUE MEJOR RESPONDA A TUS NECESIDADES.

◀ **LA COMBINACIÓN** de paneles fijos con frentes de apertura batiente o corredera permite crear fachadas acristaladas que aportan luminosidad natural a las estancias, al tiempo que integran el paisaje en la decoración.

▶ **LA PERFILERÍA** de aluminio se hace cada vez más estética, gracias a unos diseños más ligeros y una gama de acabados más amplia, que va desde las lacas en un abanico casi inacabable de colores hasta los metales anodizados, sin olvidar las novedosas propuestas que simulan la madera.

# Ventanas

## Renovar los cerramientos

**LAS VENTANAS Y PUERTAS BALCONERAS no sólo son las responsables de aportar luz natural a la vivienda, sino que deben garantizar un correcto grado de estanqueidad, aislamiento térmico y acústico y una estructura segura frente a las agresiones externas.**

En la elección de los cerramientos óptimos influyen tanto los materiales como el tipo de apertura y cierre. Entre los primeros, los más usados son los perfiles de aluminio, PVC y madera, ya sea con vidrio sencillo o con doble acristalamiento y sistema de rotura de puente térmico, que garantiza un mayor confort en el interior de la vivienda.

### BUENAS PRESTACIONES

El aluminio es el material más empleado en perfilería de exterior. Resistente e inalterable frente a los agentes climáticos, está disponible en acabados metalizados o bien lacados en una amplia gama de colores. Mención aparte merecen los que imitan diseños de madera y los revestidos con chapas naturales.

HERMET 10

Con un precio muy similar al del aluminio, el PVC ofrece las mejores prestaciones tanto acústicas como térmicas. Otra de sus ventajas es su maleabilidad, que le permite realizar arcos y formas curvas.

Cálida y decorativa, la madera es la opción más tradicional, aunque también la menos estable, la más cara y la que requiere más mantenimiento. Una buena alternativa son los modelos mixtos, que combinan las ventajas del perfil de aluminio en el exterior con la madera en su cara interna.

## Puente térmico

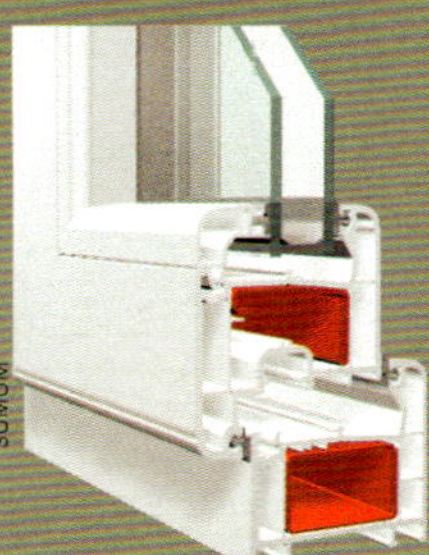

SUMUM

La rotura de puente térmico es una técnica aislante que disminuye la conducción de calor entre la cara interior y la exterior del perfil de aluminio.

**GANAR ESPACIO Y LUZ**

Una reforma muy efectiva para ganar metros y luminosidad es cerrar un balcón o una terraza de poco uso.

Como requiere una inversión relativamente elevada, hay que valorar si el espacio que se va a ganar merece la pena. Se recomienda realizar la obra si el espacio adicional obtenido es de al menos 3 x 1,5 metros, lo que da un precio por metro cuadrado razonable

## SISTEMAS DE APERTURA

**OSCILOBATIENTE.** Este tipo de ventana presenta una cómoda apertura y la ventaja de poder abrir apenas una rendija para ventilar el cuarto.

K LINE

**CORREDERAS.** Perfectas para espacios pequeños y de difícil acceso, son menos estancas que las batientes y siempre hay una hoja fija.

FINSTRAL

**BATIENTES.** Son las más cómodas, las que ofrecen un mejor aislamiento y las más ecónomicas, por lo que también son las más usadas.

FINSTRAL

▶ **MUY DECORATIVA.** Las perfilerías en colores oscuros y acabado mate evocan el hierro forjado de las construcciones rústicas, aunque estén realizadas en materiales de última generación.

◀ **PARA TODO EL AÑO.** Las últimas propuestas en acristalamientos para el exterior permiten cerrar y climatizar un espacio durante los meses fríos y abrirlo por completo en verano, mediante paneles móviles y desmontables.

**A TENER EN CUENTA...**
Al renovar las ventanas, conviene no escatimar en la inversión en perfiles y cristales aislantes, así como en los cierres estancos. Los de mayor calidad permiten ahorrar hasta un 30% en la factura de la calefacción.

en función de los materiales elegidos y los trabajos complementarios: la ampliación de la instalación eléctrica, la calefacción del nuevo espacio, la instalación de un falso techo o la impermeabilización del pavimento.
De forma orientativa, un metro cuadrado de cerramiento de aluminio o PVC se sitúa en torno a los 600 euros, mientras que los realizados en madera son alrededor de un 40% más caros. El cristal elegido para los paneles influirá también en el coste final, al igual que el sistema de apertura: los frentes correderos son más caros que los batientes convencionales.

## Integrar los cerramientos en la decoración

AYNAT

Las ventanas con cuarterones se caracterizan por su estilo clásico, aunque se realicen en aluminio.

ALURED

Una fina capa de chapa de madera natural confiere una insospechada elegancia a los perfiles de aluminio.

La inigualable calidez de la madera es perfecta para los ambientes de estilo rústico y tradicional.

QUICK-STEP

## MÁS Y MEJORES ACABADOS

**CASI NATURAL.** Los suelos laminados están fabricados con un núcleo de aglomerado de alta densidad sobre el que se adhiere una capa de papel decorativo, que es la que le confiere su acabado final y que está protegida por una serie de resinas especiales que le aportan su enorme resistencia al uso y al desgaste. La oferta es muy extensa y abarca no sólo la reproducción exacta del aspecto de toda clase de variedades de madera, sino también los tratamientos como el tintado, el envejecido o las juntas biseladas.

KARELIA

◀ **ENVEJECIDO.** Uno de los tratamientos más en boga dentro de los suelos de madera es el de envejecimiento, que se consigue mediante el uso de pátinas, o a través del cepillado y golpeado mecánicos de la madera. El resultado es un producto nuevo con todo el sabor de un suelo antiguo.

# Suelos

## Cerámicos y de madera

**ELEGIR EL MATERIAL ADECUADO para revestir el suelo es fundamental para crear un hogar acogedor y cálido. Los pavimentos cerámicos y los de madera son las dos principales opciones para conseguirlo.**

La calidez que aporta la madera ha hecho que siempre haya sido un material empleado para revestir los suelos. En los últimos tiempos, además, ha ganado terreno gracias a los sistemas de instalación flotantes, disponibles en diversos materiales y acabados, desde la chapa natural hasta los nuevos laminados sintéticos, capaces de imitar a la perfección el aspecto de la madera natural con un nivel de resistencia al desgaste muy alto.

### Resistentes

NATURTEK

Algunos suelos laminados cuentan con tratamientos hidrófugos que permiten su uso en ambientes húmedos como la cocina o el baño.

### Colores para mil y un estilos

LEGNO DI VITA

**TEÑIDOS:** Los suelos teñidos y ahumados resultan muy adecuados para los ambientes más grandes.

KARELIA

**CLAROS:** Maderas claras y suelos de tablilla pequeña aportan a la casa una mayor luminosidad.

QUICK-STEP

**ROJIZOS:** Los suelos de madera tropical, en colores rojizos son perfectos para un ambiente colonial.

TINO

La tarima maciza, hecha a partir de maderas nobles, es una de las opciones más elegantes, aunque también la más cara. A pesar de que existen algunos modelos de instalación flotante, su montaje suele realizarse mediante rastreles, guías de madera a las que se atornillan las tablas. Las tarimas se presentan barnizadas, tratadas al aceite, o incluso decapadas para imitar un suelo antiguo. El parqué flotante multicapa de madera natural, que ha ido desbancado al encolado, suele estar integrado por un contrachapado central sobre el que se fija una cara de madera noble superficial, lo que le aporta estabilidad dimensional y reduce su precio.
Una de las ventajas que ofrecen los suelos de madera es la posibilidad de instalarlos sobre el pavimento ya existente, sin necesidad de eliminarlo, aunque en ocasiones es necesario retocar la altura de las puertas.

### LOS SUELOS CERÁMICOS

Al igual que ocurre con la madera, los suelos cerámicos han evolucionado para buscar el equilibrio perfecto entre estética y funcionalidad. A su tradicional resistencia al desgaste, los golpes y las manchas, los nuevos modelos

## CERÁMICA DE TENDENCIA

**VERSÁTIL.** Algunos suelos permiten insertar entre las baldosas materiales como el vidrio o el acero inox, para crear un efecto decorativo.

VENATTO

**RÚSTICO.** El barro cocido, tradicionalmente poroso, es tratado hoy con procesos antimanchas que hacen su limpieza más fácil.

SAN GENÍS

**CÁLIDO.** Los suelos pétreos no sólo imitan al detalle a la madera, sino que también reproducen la forma de las lamas de los parqués.

ALAPLANA

◄ **NUEVOS FORMATOS.** El diseño de las piezas cerámicas es capaz de imitar cualquier acabado, tanto en aspecto como en dimensiones. Un buen ejemplo lo tenemos en esta imagen, cuyo suelo se ha revestido con unas lamas idénticas a las de un parqué de wengué.

▼ **COLORIDO.** Combinar piezas cerámicas de dos diseños no sólo aporta dinamismo a la estancia, sino que es un recurso práctico para delimitar los diferentes espacios dentro de una estancia.

de pavimentos cerámicos añaden una variedad de acabados que permite reproducir el aspecto de materiales como la madera o la piedra, sin las necesidades de mantenimiento del primero ni el alto coste del segundo. De entre todas las variedades existentes, el más extendido en los últimos tiempos es el gres porcelánico, un producto cerámico uniforme en toda su masa, de una gran dureza e inalterabilidad, que no requiere ningún cuidado y admite la limpieza con todo tipo de detergentes.
Disponible en una extensa gama de modelos, las últimas técnicas de producción e impresión digital permiten realizar diseños personalizados y decorados muy fidedignos, capaces de imitar la madera, el metal o la piedra, a lo que ayuda la diversificación de formatos: lamas alargadas como las del parqué, planchas de gran tamaño, o mallas con pequeñas piezas que se adaptan a todas las superficies. Puesto que su instalación implica costosas obras, al igual que su sustitución, elige un modelo que ofrezca un marco adecuado a cualquier decoración y aprovecha para instalar bajo éste un sistema de calefacción radiante.

LAND

CASAMANCE

▲ **LOS ESQUEMAS** en blanco y negro son los protagonistas de una de las tendencias más en boga en papel pintado. Son perfectos para los espacios de aire barroco, aunque deben usarse con moderación, ya que son visualmente pesados.

◀ **LA PARED** del cabecero se ha revestido con un papel pintado a rayas, de estilo clásico, que aporta calidez a este dormitorio equipado con las piezas básicas para el descanso.

# Paredes

## Pintura y papel pintado

**ATRÁS QUEDAN LOS AÑOS de paredes blancas y anodinas. Las últimas propuestas en papel pintado y pintura decorativa les devuelven todo el protagonismo de la mano del color, los diseños de aire retro y unas técnicas de aplicación cada vez más simplificadas.**

El papel pintado no sólo vuelve a estar de moda, sino que se ha convertido en uno de los revestimientos más valorados en los proyectos de interiorismo actuales. A ello contribuyen las avanzadas técnicas de impresión, que

## Propuestas para todos los estilos

CASAMANCE

Un delicado diseño adamascado para un papel de corte clásico, ideal para los salones sofisticados.

CASAMANCE

Con una textura propia de la tela o las fibras vegetales, este diseño encaja en ambientes actuales.

CASAMANCE

Motivos florales de estilo retro hacen de ésta la propuesta más desenfadada para las paredes.

dan lugar a motivos nítidos en una extensa gama cromática. A los papeles vinílicos tradicionales, resistentes y lavables, se añaden las innovadoras propuestas decorativas que evocan el papel japonés, la rafia o la tela, y novedades técnicas como los papeles tejido no-tejido. Estos últimos tienen dos grandes cualidades: resultan muy fáciles de colocar –ya que sólo hay que encolar la pared– y de eliminar, cuando se quiere cambiar el papel. No obstante, hay que tener en cuenta que los diseños de estos revestimientos pueden llegar a cansar o saturar el ambiente más que un color liso, por lo que se aconseja reservarlos a una pared a la que se quiera ceder el protagonismo.

## Elige el color

Hoy es posible disfrutar del color exacto que deseemos con las nuevas máquinas tintométricas, a partir de un muestrario o un trozo de tela.

**PINTAR LA CASA**

La pintura plástica es el acabado mural más empleado, porque combina un precio económico con una casi infinita gama cromática y una enorme facilidad de aplicación. De la elección del

## SUPERFICIES SOFISTICADAS

**JASPEADO.** Una pátina en tono piedra que emula la belleza del granito natural y puede aplicarse en la pared o las carpinterías.

**BLANQUEADO.** Un decapé rústico en un elegante color crema que resalta cualquier elemento del mobiliario, así como puertas y zócalos.

**PIZARRA.** Un estuco a la cal, con acabado al jabón y patinado al agua, que evoca las rugosidades y el tono plomizo de la pizarra negra.

**MÁRMOL.** Este estuco tartera con pátina al óleo presenta el efecto de un mármol clásico, con su suave tonalidad y veteado .

◄ **GRIS CÁLIDO.** El tono plomo elegido para las paredes ofrece un marco contrastado para las notas de rojo de los cojines e integrado con los sofás.

▼ **CLÁSICAS.** Las anchas franjas blancas y amarillas le confieren una atmósfera tradicional y delicada a un baño pequeño y luminoso.

▼ **GEOMÉTRICO.** La pared de la escalera de esta casa de dos alturas se ha decorado con un mural con motivos geométricos en colores neutros.

color dependerá que las paredes sean un marco neutro para la decoración y los textiles, o que centren la atención por sí mismas.

En cualquier caso, hay que analizar las características del espacio, su orientación y la cantidad de luz natural que recibe y aplicar una muestra de al menos un metro cuadrado en la pared para apreciar el efecto, tanto con luz natural como con iluminación artificial.

**TÉCNICAS DE PINTURA DECORATIVA**

Las últimas tendencias, que abogan por los acabados decorativos, han hecho que proliferen las pastas para realizar elegantes estucos pulidos en frío, con superficies cristalizadas tan refinadas como las de los clásicos, aunque más sencillos de realizar; o bien recrear pátinas con efectos de [illegible], perfectas para disimular posibles imperfecciones en la pared. También se encuentran ceras que permiten crear sombras en la pintura plástica, y pigmentos naturales, para diluir y conseguir el efecto de las aguadas de cal propias de los ambientes rústicos y campestres.

CASA IFNI

GAROFOLI

SCRIGNO

KRONA

## APERTURA Y MEDIDAS

**BATIENTE.** Este tipo de apertura es el más utilizado en el interior de las casas debido a que son las más cómodas y estancas. El principal problema que plantean es que es necesario dejar un espacio libre a su alrededor, para que al abrirlas no topen con los muebles, lo que puede suponer un problema en las habitaciones más pequeñas. En estos casos, una buena solución consiste en utilizar puertas batientes de dos hojas, ya que esa necesidad se reduce a la mitad; o bien sustituirlas por una puerta plegable (de acordeón).

**DIMENSIONES.** Por regla general, las medidas estándar de las puertas se sitúan en torno a los 70 u 80 cm de ancho y 202 o 210 cm de altura, si bien cada vez es más habitual encontrar modelos de mayores dimensiones, adaptadas a los espacios más amplios.

◂ **OCULTA.** Las puertas correderas permiten aprovechar todo el hueco disponible sin necesidad de espacio al abrirse y sin entorpecer en la estancia. La mejor solución, aunque también la más cara, es empotrar la puerta en un doble tabique de obra o de Pladur que la oculte al abrirse, pero también las hay de guía simple.

# Puertas

## Materiales y tipos de apertura

**CAMBIAR LAS PUERTAS de interior requiere una inversión relativamente elevada, por lo que conviene conocer bien los materiales y sistemas de apertura antes de decidirse por uno u otro modelo.**

La madera maciza, el aglomerado chapado y las puertas lacadas han ganado terreno en los últimos tiempos frente a los frágiles y antiguos modelos huecos. Las primeras, resistentes y duraderas pero más caras, están fabricadas con una única plancha de madera, mientras que las de aglomerado son una alternativa más económica, puesto que se basan en un núcleo de DM revestido con una fina chapa de madera natural que le otorga un acabado similar a las macizas. En cuanto a las puertas lacadas, se trata de modelos de aglomerado cuyo acabado se consigue mediante varias capas de laca disponibles en una gama de colores amplia, lo que permite adaptarse a cualquier estilo decorativo. Todas pueden incorporar paneles o cuarterones de vidrio que, además de ayudar a separar espacios, permiten que la luz llegue sin problemas a las zonas de paso.

SCRIGNO

### Corredera

SCRIGNO

Una simple guía oculta con un marco permite instalar la puerta corredera para aprovechar todo el hueco de apertura al deslizarse.

## LA SOLUCIÓN PARA ESPACIOS AMPLIOS

**DE SUELO A TECHO.** En estancias amplias es posible construir una librería a medida que cubra toda la la pared, de suelo a techo. Este tipo de muebles se integran en la estructura de la habitación sin causar sensación de agobio, en especial si se rematan con molduras que les aportan unidad y permiten acabar de ajustarlos.
Entre los materiales más utilizados cabe citar la madera, el Pladur y la obra tradicional. En todos los casos conviene que las baldas no superen el metro de ancho para evitar que se puedan combar.

# A medida

## Muebles de obra y Pladur

▼ **SEPARACIÓN.** Los muebles y las estructuras fabricadas a medida no sólo sirven para decorar y almacenar objetos, sino que también se emplean para separar dos ambientes integrados en un mismo espacio.
Para lograr que pasen más desapercibidos, lo mejor es pintarlos del mismo color que las paredes.

**AUNQUE ES LA OPCIÓN MÁS COSTOSA, construir un mueble de obra o de Pladur a medida es la mejor forma de aprovechar hasta el último milímetro de espacio en el hogar.**

Los muebles de obra y los de cartón yeso, conocidos popularmente como Pladur, son resistentes, duraderos y se integran en todos los estilos. Una de sus principales ventajas es que se adaptan a cualquier hueco, por irregular que sea, algo que no siempre ocurre con los muebles de otros materiales. Antes de construir un mueble o estantería de este tipo es necesario estudiar su diseño, puesto que su estructura no podrá ser reajustada sin unas molestas obras que, en el caso del Pladur, son más limpias y rápidas. De todos modos, conviene solicitar un presupuesto detallado que incluya, por separado, el coste de los materiales y el de la mano de obra. Una vez construido el mueble, sus estructuras pueden completarse con múltiples accesorios, desde las puertas para cerrar algunos de sus módulos, vitrinas y cajones hasta los sistemas de iluminación. Una alternativa más económica, aunque también menos resistente, son las propuestas realizadas con paneles de aglomerado, que aceptan casi los mismos acabados, por lo que ofrecen un resultado estético muy similar. Al poder pintarse en el mismo tono que las paredes, resultan perfectos para los espacios reducidos, ya que pasan más desapercibidos.

◀ **EL ESPACIO CENTRAL** del armario es perfecto para guardar las prendas de mayor uso (vestidos, pantalones o camisas). Se pueden diseñar los espacios a la medida de estas prendas y equiparlos con barras para colgar, prácticas y económicas. Conviene utilizar las zonas bajas para instalar baldas, cajoneras y zapateros, mientras que la parte alta del mueble, más incómoda, se debe emplear para guardar las mantas, las maletas y los artículos de otras temporadas.

▶ **HAY MÓDULOS** que permiten rentabilizar las esquinas, como el de la imagen, equipado con unas puertas plegables que facilitan el acceso.

# Vestidor

## Distribución y equipamiento

**AUNQUE EL EMPLAZAMIENTO IDEAL de un vestidor es lo más cerca posible del dormitorio, cualquier espacio desaprovechado de la casa sirve para albergar un armario adicional, que cubra las cada vez mayores necesidades de almacenaje. Un pequeño cuarto interior, un distribuidor o un pasillo ancho bien planificados son suficientes.**

El paso previo al diseño del vestidor es analizar el espacio disponible y las posibilidades que ofrece: no es lo mismo una habitación independiente, por pequeña que sea, en la que todo quedará oculto, que una zona de paso, que presenta mayores exigencias estéticas y de integración.
En el primer caso, los únicos condicionantes son los metros y la planta. Aquí, las composiciones abiertas, con módulos sin puertas, son muy prácticas, ya que permiten localizar al primer vistazo la prenda que se busca, facilitan el acceso y ahorran el

PIANCA

coste de los frentes, uno de los conceptos que más encarecen el presupuesto final. No obstante, debes tener en cuenta que ofrecen menos protección frente al polvo y que obligan a un orden estricto, ya que todo queda a la vista. La mayoría de los vestidores, aunque estén hechos a medida, se componen a partir de módulos con medidas estandarizadas. Así, la profundidad es de unos 60 cm, aunque existen versiones de 40 cm para huecos pequeños, mientras que la anchura es variada: desde 30 hasta 120 cm. Para aprovechar toda la pared, se suelen emplear elementos de 240 cm de altura.

### DECIDIR LA DISPOSICIÓN

Los diseños en "U" son los que mejor rentabilizan el espacio. Les siguen las propuestas en "L", que añaden la ventaja de adaptarse a cualquier rincón de una estancia. Los proyectos en línea –y en paralelo, cuando la anchura lo permite– están indicados para pasillos y para aprovechar huecos.

## Un *closet*

PIANCA

A medio camino entre un armario y un vestidor, el *closet* combina la practicidad del primero con la comodidad de uso del segundo.

## INVERTIR EN LOS ACCESORIOS

**DESLIZANTES.** Sustituye los estantes convencionales por bandejas extraíbles para las prendas plegadas.

**OPTIMIZADO.** Un módulo pantalonero ocupa 75 cm de alto y 40 cm de ancho y ofrece mucho espacio

**CAPACIDAD.** Combina los cajones convencionales con gavetas profundas para las toallas y la ropa blanca.

▶ **DECORATIVAS.** Las puertas juegan un papel clave a la hora de integrar el armario en el dormitorio, tanto si se quiere que pase desapercibido como si se busca centrar en él toda la atención. Entre las últimas tendencias se hallan las de PVC en colores brillantes.

◀ **MODULAR.** Estantes, barras y unos cuantos accesorios es todo lo que se necesita para disfrutar de un área de vestidor en cualquier habitación. Las nuevas propuestas de las firmas en este sentido han abaratado los costes de este equipamiento de manera considerable.

**UN ACABADO PRÁCTICO Y DECORATIVO**

Las puertas de apertura batiente son muy cómodas, aunque requieren un hueco libre delante. Las correderas son las más útiles en huecos reducidos, aunque siempre habrá una que quedará cerrada. Por último, las plegables son una opción intermedia entre las dos anteriores, ya que apenas ocupan 30 cm cuando están abiertas y ofrecen una visión casi total del interior. En cuanto a los acabados, abarcan desde los más clásicos frentes de madera natural o lacados hasta las propuestas en PVC coloreado de alto brillo.

# Adaptado al espacio

PIANCA

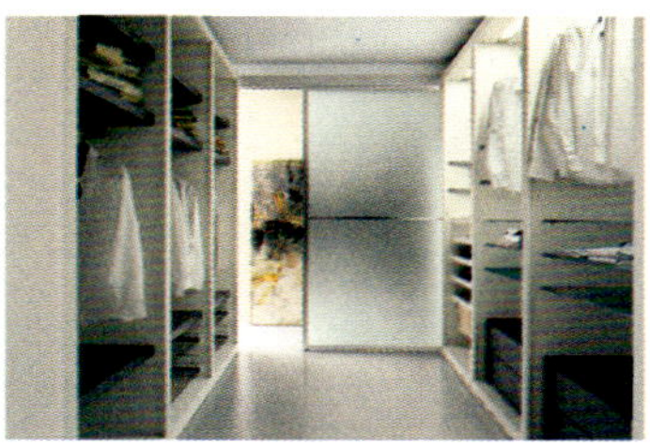

En el paso entre el dormitorio y el baño, este vestidor en paralelo optimiza el espacio y es cómodo.

ZELARI DE NUZZI

Todas las paredes libres de esta habitación se han aprovechado con módulos formando una "U".

ZELARI DE NUZZI

Los diseños en "L", con rincones difíciles, requieren puertas de tipo plegable para que no tropiecen.

## OPCIONES PARA UNA CASA CÁLIDA

**LOS SISTEMAS** de climatización central se basan en una caldera o acumulador que se encarga de producir el calor que luego será distribuido a través del sistema de ventilación o de los radiadores por toda la casa. En el primer caso, la canalización se realiza a través de un falso techo dentro del que se ocultan los tubos que guían el aire caliente hacia las rejillas de ventilación. Éstas pueden estar colocadas en la pared, en el suelo o en el techo. Si se hace circular aire frío, el sistema puede ser utilizado también para refrigerar en verano. En el caso de los radiadores, un circuito de agua caliente comunica la caldera con los difusores de cada estancia, de manera que el usuario puede regular la temperatura de cada habitación de forma independiente.

◀ **HOGAR.** Una buena forma de hacer una casa más acogedora es instalar una chimenea. A los ya conocidos modelos de hogar abierto –de leña o carbón– hay que añadir los sistemas cerrados de *cassette*, encastrables en un bloque uniforme en la pared, y los centrales, que pueden instalarse en el centro de la estancia.

▶ **FRÍO Y CALOR.** Los sistemas con bomba de calor permiten disfrutar de una temperatura ideal durante todo el año, ya que un único aparato es capaz de producir calor en invierno y de emitir aire acondicionado en los meses de verano con un consumo muy bajo.

# Sistemas

## de calefacción y aire acondicionado

**LA CLIMATIZACIÓN representa unas dos terceras partes del consumo energético de la casa. De ahí la importancia de acertar al elegir un sistema que sea eficaz y que permita también ahorrar dinero.**

La zona geográfica donde se ubica la casa, su orientación, sus dimensiones o un buen aislamiento de puertas y ventanas son aspectos que influyen de forma determinante en la elección de un sistema de climatización u otro. Si la vivienda se encuentra en una zona fría, conviene escoger un sistema que mantenga el calor de forma constante, como los sistemas de calefacción central con caldera mural de gas (o de gasoil, si se vive en una zona aislada donde no llega la red de gas natural) o los acumuladores eléctricos, mientras que en las zonas cálidas será suficiente con instalar otro que permita alcanzar la temperatura ideal de forma puntual, en cuyo caso una buena opción son los aparatos con bomba de calor, los convectores eléctricos, los radiadores de aceite, e incluso las tradicionales estufas catalíticas a gas butano.

# Glosario

COMO TODA DISCIPLINA, LA DECORACIÓN CUENTA CON UN LENGUAJE PROPIO, CAPAZ DE EXPRESAR LA FUSIÓN DE ARTE, TECNOLOGÍA, ARQUITECTURA Y MATERIALES QUE LA COMPONEN. EL CONOCIMIENTO DE LOS TÉRMINOS MÁS FRECUENTEMENTE EMPLEADOS EN ESTE SECTOR NO SÓLO TE PERMITIRÁ APROVECHAR AL MÁXIMO EL ASESORAMIENTO PROFESIONAL, VITAL EN CUALQUIER PROYECTO DE INTERIORISMO, SINO TAMBIÉN TENER ELEMENTOS DE JUICIO A LA HORA DE DECIDIRTE POR UN PRODUCTO, ACABADO, ETC.

## A

**AGUADA**
Técnica de pintura que diluye la pintura acrílica o al temple en una proporción mayor de agua para obtener un acabado transparente y delicado.

**ALZAPAÑOS**
De metal o de tela –en este último caso se llama abrazadera–, los alzapaños mantienen recogidas las cortinas, generalmente a dos tercios de la altura de la ventana, aunque dependerá de los tejidos.

**ARRIMADERO**
Recurso decorativo consistente en revestir la parte inferior de una pared con un material distinto para protegerla del desgaste: papel, fibra vegetal, pintura, etc.

**ART DÉCO**
Estilo decorativo que floreció en el período de entreguerras y que se caracterizó por incorporar formas inspiradas en las culturas azteca, maya y africana. Es la abreviatura de Arts Décoratifs.

**ART NOUVEAU**
Inspirado en las líneas sinuosas de toda clase de plantas y en la asimetría, incluso en arquitectura, este estilo decorativo tuvo su máximo esplendor entre los años 1890 y 1914, a ambas orillas del Atlántico.

## B

**BARRO COCIDO**
Material cerámico empleado como pavimento que se adecua perfectamente a los estilos rústicos y tradicionales. Su superficie se caracteriza por su elevada

porosidad, que lo hace sensible a las manchas, si bien hoy incorpora avanzados tratamientos de protección a base de tapaporos.

**BARROCO**
Estilo nacido en el siglo XVII que se caracteriza por su opulencia en la profusión de ornamentos. El término se ha usado posteriormente con un sentido despectivo para subrayar el exceso de ornamentación.

**BAUHAUS**
Escuela alemana nacida a principios del siglo XX que sentó las bases del diseño moderno y los patrones de lo que hoy se conoce como diseño industrial y gráfico.

## C

**CHAISE LONGUE**
Sofá con respaldo y reposapiés que adquirió protagonismo en la Francia de los siglos XVIII y XIX. La palabra significa, literalmente, "silla larga".

**CHINOISERIE**
Imitación europea de los objetos procedentes de China, India y Japón. Comenzaron a fabricarse en el siglo XVIII a causa de la gran demanda existente.

**CÍRCULO CROMÁTICO**
Rueda compuesta por los doce colores básicos (primarios, secundarios y terciarios) en los que se descompone la luz. Se considera que el resto de los colores nacen de la combinación de los doce básicos, a los que se añade el blanco y el negro.

**CLÁSICO**
Estilo basado en las líneas rectas y en las proporciones y el arte de las antiguas Grecia y Roma. Se caracteriza por su fría elegancia, simetría y equilibrio.

**COLONIAL**
Estilo que destaca por reproducir los elementos de la decoración de los países cálidos colonizados por las potencias europeas y americanas en los siglos XVIII y XIX, como maderas, tonos blancos y telas ligeras.

## E

**ESMALTE**
Pintura fabricada con una base de aceite, que le aporta una gran densidad y protege la superficie pintada.

**ESPONJADO**
Técnica de pintura decorativa basada en la aplicación con una esponja un color sobre una base previamente pintada en un tono diferente.

**ESTARCIDO**
Aplicación de pintura medinte un pincel de punta plana o una esponja sobre una plantilla con cenefas u otro tipo de motivos repetitivos.

**ESTUCO EN FRÍO**
Este acabado consiste en añadir al yeso pigmentos, polvo de mármol y un aglutinante que, una vez pulidos, le confieren un brillo muy característico. Este método permite obtener un acabado cristalizado muy resistente al calor y la humedad en las paredes.

# F

**FLUORESCENTE**
Lámpara de vapor de mercurio, generalmente en forma de tubo, que emite una luz fría y blanca y que se caracteriza por su bajo consumo energético.

# G

**GRANITO**
Piedra natural compuesta por cuarzo, feldespato y mica. El granito pulido es muy popular en las cocinas debido a su alta durabilidad y cualidades estéticas.

**GRES ESMALTADO**
Variedad de revestimiento cerámico que se caracteriza por su baja absorción de agua. Se emplea en los suelos exteriores gracias a su resistencia a las heladas.

**GRES PORCELÁNICO**
Revestimiento cerámico compacto, poco poroso y vitrificado en toda su masa que imita acabados como el de la piedra natural, lo que le aporta versatilidad.

**GUSTAVIANO**
Estilo decorativo nacido en Suecia a finales del siglo XVIII que se caracteriza por el uso de grandes ventanales para aprovechar la luz y por la simetría, la elegancia y la presencia de espejos y tonos fríos.

# H

**HALÓGENO**
Foco que contiene una mezcla de gases de yodo o bromuro que consigue que su potencia luminosa sea constante a lo largo de su vida, aunque su duración es más corta que otros. Emite una luz cálida y potente.

# I

**ILUMINACIÓN AMBIENTAL**
Luz que ilumina una estancia de forma indirecta o de fondo, sin enfocar nada en concreto.

**ILUMINACIÓN GENERAL**
Luz capaz de iluminar adecuadamente el suelo y las paredes de una estancia sin dejar ningún rincón oscuro. Puede lograrse con una lámpara de techo o con unos focos orientados hacia arriba.

**ILUMINACIÓN PUNTUAL**
Luz situada específicamente para iluminar un objeto o una zona concreta de una estancia, como un rincón de lectura o un área de estudio.

**IMPRIMACIÓN**
Sello que se aplica sobre la superficie de una pared mediante una capa de preparación que le permite absorber la pintura base o los acabados finales.

# K

### KILIM
Alfombra de tejido plano originaria de Afganistán o Turquía. Es de lana y sus diseños geométricos están tintados con pigmentos vegetales en tonos cálidos.

# L

### LACADO
Técnica que aplica sucesivas capas de barniz sobre una superficie para después lijarlas y lograr un acabado suave. Aunque también puede emplearse en paredes, es más usual para decorar muebles.

### LAMINADO SINTÉTICO
Pavimento ligero creado a partir de un núcleo de aglomerado cuya cara superior se decora con un papel protegido con resinas que imita el aspecto del parqué.

### LINESTRA
Accesorio que sirve de soporte para la instalación de un tubo fluorescente y que aloja su interruptor.

### LINÓLEO
Material flexible fabricado a base de aceite de linaza, resinas, madera, corcho y pigmentos, disponible en múltiples acabados y se presenta en rollos o en losetas adhesivas para su uso como pavimento ligero.

### LUIS XV
Estilo que toma su nombre del rey francés y que se caracteriza por el uso del blanco y los tonos pastel, así como por la profusión de espejos y ornamentos.

# M

### MÁRMOL
Piedra caliza de textura compacta y cristalina. Puede ser pulida y se presenta en varios colores. Se emplea en encimeras o como pavimento y revestimiento.

### MINIMALISMO
Movimiento creado en los años 70, y vigente hoy día, que apuesta por la supresión de la ornamentación y el exceso de color en favor de las líneas definidas.

# P

### PAPEL DE TEJIDO NO TEJIDO
Revestimiento en cuya base de tela revestida con vinilo líquido o acrílico se encuentra la impresión del dibujo. Su principal ventaja práctica es que sólo debe encolarse la pared a la hora de su instalación.

### PAPEL VINÍLICO
Papeles pintados recubiertos con una capa de vinilio que los hace impermeables, resistentes y lavables, por lo que son una buena alternativa para recubrir las paredes de la cocina y el cuarto de baño.

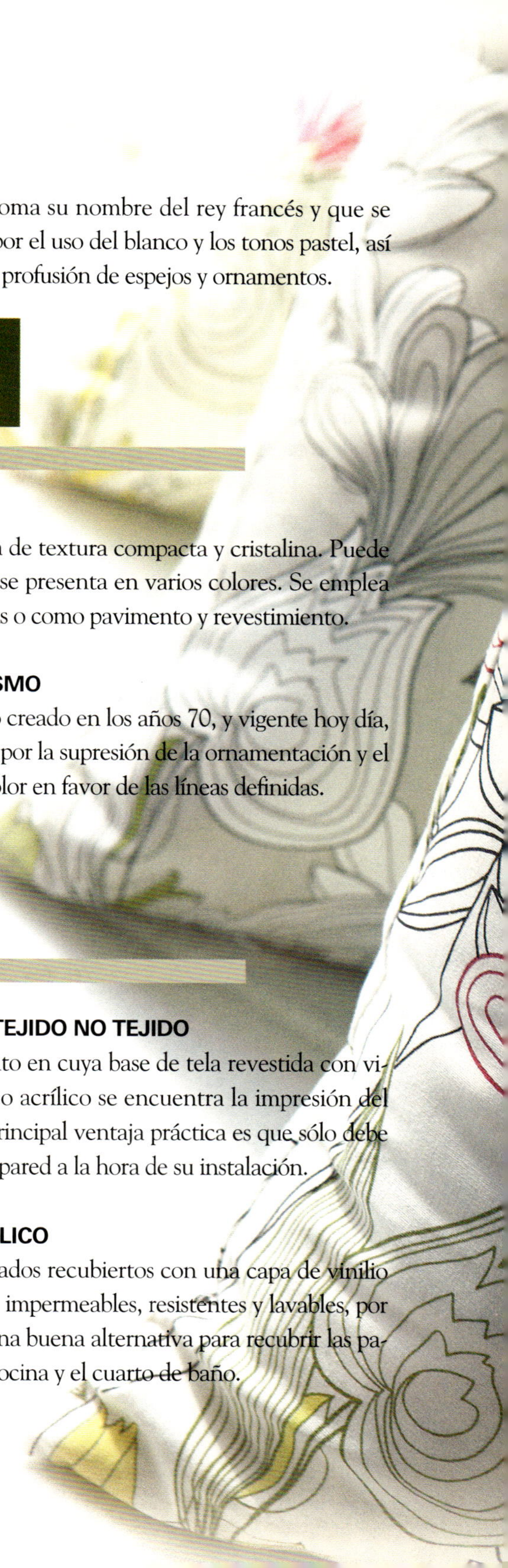

**PARQUÉ MULTICAPA**
Suelo de madera de lamas machihembradas de grandes dimensiones compuestas por tres capas (noble, persiana y contracara) que se encolan entre sí a través del machihembrado o pegadas al suelo.

**PINTURA ACRÍLICA**
Pintura de secado rápido cuyos pigmentos están contenidos en una emulsión de un polímero acrílico, generalmente una cola vinílica. Es soluble al agua, aunque una vez seca es resistente a la misma.

**PINTURA AL TEMPLE**
Pintura en polvo que se utiliza para preparar colores pastel con fines decorativos y aguadas.

**PINTURA PLÁSTICA**
Pintura con base agua (sin apenas olores) muy adecuada para recubrir paredes y techos. Es lavable y se halla disponible en acabado mate o satinado.

**PIZARRA**
Roca homogénea, de grano muy fino, generalmente de color negro azulado, que se divide con facilidad en hojas planas y delgadas. Se emplea para cubrir tejados y también como alternativa al mármol en los suelos, ya que es más resistente a las manchas que éste.

**PROVENZAL**
Estilo decorativo conocido también como rústico francés. Se caracteriza por el uso de tejidos estampados, los colores brillantes y la presencia de muros encalados en blanco o en suaves tonos pastel. Los suelos del estilo provenzal acostumbran a optar por los pavimentos de terracota, mientras que los muebles suelen ser de madera de pino o castaño.

# R

**REGULADOR DE INTENSIDAD**
Interruptor que incorpora un potenciómetro que permite controlar a voluntad el grado de luminosidad de las distintas lámparas de una estancia. Puede emplearse con cualquier tipo de luz, a excepción de las propuestas de bajo consumo.

**ROCOCÓ**
Movimiento nacido en Francia a comienzos del siglo XVIII como evolución del Barroco. Se caracteriza por su carácter ligero y frívolo, sus colores pastel y las formas curvas de sus muebles y ornamentos.

# S

**SCREEN**
Estor enrollable confeccionado a partir de un tejido técnico, generalmente fibra de vidrio o poliéster recubierto con PVC, que deja pasar la luz pero no los rayos solares. Una opción adecuada para aportar intimidad en las estancias que reciben mucha luz exterior.

**SISAL**
Fibra natural muy resistente y duradera con la que se confeccionan alfombras. De color blanco, se puede teñir muy fácilmente. Mezclada con lana para suavizar su textura, puede usarse para fabricar moquetas.

**SUELO HIDRÁULICO**
Pavimento en baldosas fabricado con cemento, es un material producido y utilizado desde finales del siglo XIX en Francia, España, Italia, Portugal y las antiguas colonias del norte de Africa y Latinoamérica. Se fabrica pieza a pieza y en multitud de dibujos y motivos.

# T

**TARIMA DE MADERA**
Suelo ligero basado en planchas de madera maciza de gran belleza y buena resistencia, disponible en una enorme variedad de maderas. Aunque existen ya algunos modelos de instalación flotante, el montaje más habitual de las tarimas de madera maciza consiste en clavar las lamas machihembradas sobre una serie de rastreles de madera fijados al suelo.

**TINTOMÉTRICO**
Sistema para la producción de pintura en un determinado color no estándar. La máquina crea una referencia de color que permite al usuario encargar la cantidad necesaria en cualquier momento con la seguridad de disponer del color exacto, tanto en pinturas plásticas como en acrílicas.

**TRANSFORMADOR**
Dispositivo que permite incrementar o disminuir el voltaje de un circuito eléctrico para facilitar el correcto funcionamiento de un aparato. El transformador resulta imprescindible en el caso de utilizar luces de bajo voltaje, como los focos halógenos, que acostumbran a operar con 12 voltios.

**TRAMPANTOJO**
Efecto pictórico que se basa en pintar sobre la pared una serie de objetos a tamaño y perspectiva natural y reproduciendo unas condiciones de luminosidad concretas. Este recurso decorativo sirve para enfatizar la sensación de profundidad de una estancia.

**TRAPEADO**
Técnica de pintura decorativa que, al golpear suavemente la pared de forma irregular con un paño arrugado humedecido en pintura, da lugar a un contraste de diseños en la superficie. Es una técnica especialmente recomendable para renovar paredes con pintura desgastada o sucia.

# V

**VELADURAS**
Similar a la aguada, la veladura es una técnica de pintura que utiliza óleos y aguarrás como disolventes, consiguiendo así un acabado más brillante y transparente. Actualmente, hay en el mercado veladuras acrílicas con base agua, que secan de forma más rápida y facilitan la labor del pintor.

**VETEADO**
Técnica que resalta o reproduce la veta natural de la madera en muebles y otras superficies de ese material. Consiste en aplicar con una brocha o con pinceles especiales una veladura al aceite, teñida con el color deseado, siguiendo la dirección de la propia madera. Posteriormente, conviene pasar un pincel suave para integrar los colores y disimular las líneas.